許倬雲

一九三〇年生，江蘇無錫人。著名歷史學家，匹茲堡大學歷史系榮休講座教授，臺灣「中研院」院士。

一九六二年獲芝加哥大學博士學位。先後執教於臺灣大學、匹茲堡大學，受聘為香港中文大學、夏威夷大學、杜克大學、香港科技大學、南京大學講座教授。

一九八六年當選美國人文學社榮譽會士，二〇〇四年獲美國亞洲學會傑出貢獻獎，二〇二〇年獲「全球華人國學大典終身成就獎」，二〇二三年獲「影響世界華人終身成就大獎」。

學術代表作有《西周史》《漢代農業》《求古編》等；另有大眾史學著作《萬古江河》《說中國》《中國文化的精神》等數十種行世，行銷百萬冊。

許倬雲作品集

往裏走，安頓自己

（繁體增訂版）

許倬雲 口述
馮俊文 整理

責任編輯　林　冕
書籍設計　道　轍
書籍排版　楊　錄

書　　名　往裏走，安頓自己（繁體增訂版）
口　　述　許倬雲
整　　理　馮俊文
出　　版　三聯書店（香港）有限公司
香港北角英皇道 499 號北角工業大廈 20 樓
Joint Publishing (H.K.) Co., Ltd.
20/F., North Point Industrial Building,
499 King's Road, North Point, Hong Kong
香港發行　香港聯合書刊物流有限公司
香港新界荃灣德士古道 220-248 號 16 樓
印　　刷　陽光（彩美）印刷有限公司
香港柴灣祥利街 7 號 11 樓 B15 室
版　　次　2025 年 1 月香港第 1 版第 1 次印刷
規　　格　16 開（167mm × 234 mm）218 面
國際書號　ISBN 978-962-04-5395-3

本書插畫係由香港藝術館授權使用之吳冠中先生作品，謹此致謝！

目錄

自序

為什麼說「往裏走，安頓自己」？

「往裏走」這一說法是我自己常常用的，但卻從未給它一個定義。這次得到機會，我想給大家講一講。「往裏」這個「裏」字，用通俗的話來說，也許叫「心」，也許叫「腦」，但不能用今天生理學上的「心」和「腦」來理解，它們應該是哲學上的名稱。它們是主導人性格最內在的一個總機關，這個機關把外來的信息組織在一起；組織好了以後，將信息存儲在一個總的數據庫裏。這個數據庫是你的心態，包括感覺、知識、理解，甚至包括智慧的總和。

往裏走，就是往內心的探索

用通俗的話來說，我們平常說的有「心」無「心」，大概就相當於這裏面所指的「心」。像明朝王陽明講的心學，也相當於從這個角度來看待世界。中國傳統文化中所說的「心」，跟今天生理學上所說的「腦」，可能在功能上有重疊的部分，但是二者並不能等同。心和腦之間是有差別的：心，是感情跟感官轉換的地方；腦，是以理性的思考為主。我是中國人，我照著中國傳統的解釋，把這種心態，這種往內心的探求，稱作「往裏走」。

在我所寫的《中國文化的精神》中，前半段講的都是宇宙之間存在多少元素——這些元素和我們的生活、人生息息相關，能夠影響我們的日常行為。中國傳統的學問，就是把這些元素組織成為一套包括天、地、宇宙和人在內的知識系統。在書中，我也從飲食和中醫兩個角度做了更為具體的說明。這個知識系統中對世界的認知，最大的分類是「陰陽」的二分法，比如葷素、大小、燥濕、寒熱等界限的劃分。這種分類還可以不斷細分、組合在一起，傳統中國人藉此分析和理解生活中觀察、接收到的信息，甚至萬事萬物。

我舉一個例子。董仲舒所認為的宇宙是一個從天到人的巨型系統，從外太空的各種星系到地球，到人的世界，到中國、中原乃至我們每一個個體生命都在其中。這是從空間上的同心圓去劃分的。也有從功能上的同心圓去劃分的，如：功能級別最高的管什麼，次高的管什麼⋯⋯最低的管什麼。除了空間上的遠近，還有時間軸上的遠近。比如祖宗與子孫之間的關係，就包括了過去、現在、未來。董仲舒設計了一個多向量、多維度的大網絡系統，系統內部互相套疊、互相牽扯、互相影響。這就是董仲舒陰陽五行的「天人感應」理論，涉及宇宙萬物跟人體、人的行為、人的群體之間的種種呼應和回報。董仲舒的系統非常巨大，也非常周密。當然在今天看來，他對太空的理解有很多缺陷，可是從哲學界的形而上學來說，這一套體系有相當值得佩服的地方，有很多地方和今天關於外太空的研究也相當接近。我們要知道他進行的是形而上學的假想，不是真正的觀察和測驗。但是，這樣的假想居然能夠與當今的實際觀測和計算結果類似，這就很了不起了。

上述系統之內，各個層次的能量放射出去相互影響的結果，就是董仲舒所說的「天人感應」。古代中國所謂的「祥瑞」或「災象」，就是根據這套理論推導出來的。這套樸素的宇宙感應論，和今天量子力學的力與質、空間與時間的互相感應，從理論上看有一些類似之處。在《中國文化的精神》裏，我用了《周易》六十四卦的卦圖做比喻，來模擬這個系統。在書中我特別強調了，每一個卦和其他的卦前後之間都有呼應——個別的卦太盛了，其他的卦就衰；個別的卦太弱了，其他的卦就旺；個別的卦太陰了，其他的卦就偏陽；個別的卦太陽了，其他的卦就偏陰。每個卦裏的「卦象」，都是疊起來的各種形態和形式之間的關係。實際上，《周易》所描述的是一個動態的大網絡系統，系統之內的各種元素彼此干擾，彼此套疊，彼此推動，彼此替換。這個動態系統可以用八卦的符號，即二進制的數字來表達。而且，八卦所呈現的也只是一個現象，具體會發展出什麼結果，還取決於我們怎麼看待、回應這種現象。比如，我們中國人常說的「否極泰來」，就是用六十四卦裏面的「否」卦和「泰」卦來講人生的道理。人生到了最倒黴的時候，我們也不要氣餒，反而要振作、積極應對，扛過了最艱難的階段，就完整地走完「否極泰來」這個過程了。反過來，我們還有句俗語叫「盛極必衰」：一個事物走到極盛的時候，一定會走下坡路。這對應著《周易》裏面「乾」卦最上面一爻的「亢龍有悔」，陽數到了極點即是「亢龍」——「龍」是陽的象徵，陽圓滿到一個地步以後需要主動往回收斂，否則它無法承受不斷膨脹的系統，就像一個氣球充氣到一定程度後會完全崩潰，令人追悔莫及。

八卦將自然、宇宙、人生各種現象和局面做了分類以後，告訴我們這些東西是彼此聯繫、互相影響的。作為一個人，面對種種現象我們要有一個回應。事情現在發展到了哪個地步，我們要做什麼樣的反思，從反思中能獲得什麼樣的理解、覺悟，這一步的工作——對外在現象的觀察、分類、討論、應對等——最終一定會碰到心底那一部分東西，這也是我所說的「往裏走」。

要將我們的感受、觀察，投射到內心深處

我們生活在這個世界上，處事也罷，觀察也罷，討論也罷，陳述也罷，都是一個個的行為動作，這些動作都是理性在背後運行的產物。這個動作有過程，也有結果；有它的起因，也有它的轉折和盛衰。所謂「往裏走」，我們要看見周圍的事物變化，也要感受到變化對自身的影響，還要找出對我們影響最深的部分。如此一來，外在的刺激就內化了。如果我們將對外觀察的結果內化到心裏，我們對外在事物的感受就不再是浮光掠影，而是有著深切的體會。這種體會能夠促使我們反思，反思之後一定要存儲在內心最深處的資料庫中，並能時時刻刻照見我們的行為舉止。每當這個資料庫發出警告信號，我們就能警惕自己的不足、過分之處，或者是危險來臨。

所以，「往裏走」就是將我們的觀察、感受投射到內心最深處，進行認真的思考——由此我們得到什麼樣的新的理解、新的教訓，立刻

就能從行為上反映出來。我們的日常生活裏的許多事物，包括聲音、顏色、別人跟我們談話的內容、報紙上的消息，都是一股一股地打到我們心裏。如果馬虎過去了，就等於是走馬觀花，我們的心對這些事物沒有感知。人生如果只到這個地步的話，我們對事物思考的深度就不夠，反省的能力自然也就不夠，甚至連提升自己的可能性都沒有了。如此情景之下，再有用的信息對我們也產生不了刺激和影響。所以我經常講，人過日子，聽、看、想的時候，要往裏頭去思考，將觀察的結果吸收、內化為自己的觀念、行為，這是「往裏走」的本義。

外在對我們的影響越小，心越安定

再回到《中國文化的精神》這本書，歷史上有幾個宗教的派系進入中國，但是被中國民間的信仰內化成普通民眾能夠接受的東西。那些術語、名詞及名詞間的關係等，在民俗信仰裏邊都被簡化成若干符號。這些信息在民俗中以符號的方式直接呈現，跳過了思考的過程。但作為觀察者，如果我們只跟著符號走，就不能理解所有來來去去的信息的內在意義，也不能理解這些信息對我們會產生多大的衝擊，造成多大的影響。這些影響可善可惡，但是我們都不知道。這就等於跳到泥潭裏洗澡，有的人出來後滿身都是泥、草和各種渣子，但不知道怎麼處理；有的人出來後馬上沖洗乾淨，既得到了泥潭裏的涼爽，又沖洗了身上的雜質——這個過程就是一個反思的過程、清理的過程。

能夠訓練自己做到這樣並不容易，需要一層一層地自我提升，越往上越抽象——但是思維越抽象，涵蓋面也越大。我們看書也好，聽、講或寫文章也好，都可以讓得到的信息在心裏內化，從而增加心的敏銳度。若是能夠長期進行這種訓練，對我們會有很大的幫助。因為我們看事看物不再只看表象，思考問題也不再局限於歡喜哀愁或得與失。面對問題時，若能超越得失、悲喜等種種感受，外在現象對我們的影響就越來越小，我們的心就更穩定了。

我們照鏡子時，自己的喜怒和鏡子裏那個人是同步的，這是最直接的反應。我們要做到的，是看著鏡子去想：我今天的面部表情跟昨天不一樣，一定是我的內心變化了，臉上的表情也隨之改變了。如果養成這樣的習慣，就算身邊發生了極小的事情，也能引導我們去調整、追尋自己的內心。

持續從事這樣的自我訓練，到後來有些人就「高」了。這個「高」不是指地位，也不是指錢財，而是指一個人的思考能力和敏感度提升到相當高的地步，這時他就能夠從容處理自己和外界、他人的關係。而且這種人更不容易犯錯，人生的懊悔更少。不僅如此，因為心的觀察更為敏銳、細微，捕捉靈感的觸角更多，人家感受不到的細節被我們感受到了，人家沒有注意到的信息被我們抓到了。我們的感受力強，吸收力就強，消化外在信息的能力也會變強。經由如此種種訓練，我們生命的內容就更豐富，放射出去的內心狀態，就是更多的包容、更多的慈悲、更多的原諒、更多的超越。這樣走，我們就能一步步提升能力、提升人格。

前面所說的，不是讓大家去做超人，更不是叫大家去練內功和法術，而是我根據人生經驗，對大家性情的調養、性格的規範提出一些方法。希望經由這種訓練，大家能夠樹立遠大的人生目標，同時在小事情上能放鬆自己，寬恕、體諒和憐憫他人。我希望能幫助大家開闊視野、擴大心胸——這不是靠打坐可以得到的，也不是靠讀經可以得到的，更不是靠數呼吸可以得到的。這需要靠大家在生活和工作中不斷觀察、學習，並在回收、內化的過程中不斷體會，不斷領悟。

中國傳統小說、戲劇裏的「往裏走」

對於中國的古典小說，我的解說與別人的解說並不一樣，正好以此來給大家做範例。第一部小說是《三國演義》，如果在大街上問「桃園三結義」，沒有一個中國人不懂；提到諸葛亮，沒有一個中國人不知道。《三國演義》可以說滲透到中國人生活中的方方面面。我想提醒大家注意的，是《三國演義》標榜的事情——義氣。對他人許下承諾之後，要講究道義。「劉關張」三弟兄結義時發誓，不求同年同月同日生，只願同年同月同日死。

後來，關羽兵敗麥城被殺，張飛大怒之下失去理智，很粗暴地對待下屬，最終被部下刺死。劉備則不顧國力興兵伐吳，大軍連營，結果被一把火燒得精光，敗走白帝城。這三個人都是為了「義」，義薄雲天。但是，本來他們結義的目的是恢復漢家天下，為了兄弟情義的承諾，他們把大目標丟掉了。其間關羽犯了個錯，單獨出兵去攻打中原——他以為自己的勇武是當時的武將第一，軍隊訓練得好，能夠用一把大刀打遍天下，打下了中原就迎接大哥過來恢復漢室。他的驕傲、自信，抹殺了一切的理性，在這上面撞了一個大的缺口以後，為義而結的事業跟著一起倒了。即使我們有崇高的理想，但如果一件小事情做錯了，一次小的任性，就可能造成大的災害。這種內心的感應，它的力量是極強極大的。

我平常喜歡聽京劇，其中有一齣《四郎探母》，知道京劇的人很少沒看過這一齣戲的，裏面感人的地方很多。其中有一段楊四郎見母親的情節。楊四郎流落番邦十四載，成為番邦的駙馬；母親佘太君押運銀子、糧草來接濟六郎弟弟的軍隊，在邊塞上和番邦要對壘打仗。楊四郎聽見消息，盡了一切努力，突破關口私自奔回宋營，為的就是見母親一面，然後再回去。他冒著夫人和孩子被殺的危險去見母親，見到之後又丟下弟弟、母親及原來的夫人回去，免得害死番邦的夫人和孩子。這個大的矛盾裏面，他沒有做對一件事。他見到母親的時候跪在地上，用膝蓋爬到了母親的身邊，頭放在母親的膝蓋上：「娘啊——」這一聲喊，我記到今天。

1950 年，我在臺灣大學讀二年級，有一個劇團到我們附近的軍隊眷屬安置地演出。這裏是軍隊的殘兵敗將攜家帶口到臺灣居住的地方。當局讓軍人們自己用竹子蓋房子，糊上水泥，刷上石灰，篳路藍縷地建設居所。後來他們找到劇團來表演，安慰這些軍人及其家屬。我們學生之所以有機會看，是因為這一「野台戲」就是在學校的操場上演出的。我所住的宿舍是第五宿舍，一半的同學是本地生，一半的同學是像我一樣的「難民學生」。我是跟著父母和兄長姐妹到臺灣的，去的時候已經有兩個姐姐到了臺灣兩年，算是打了一些基礎。所以，我已經不算最苦的難民。在我們宿舍的「難民學生」中，尤其有一部分是最後從山東撤到臺灣、無家無眷的高中生。離開學校的時候，有的人剛剛比槍桿高一點，從青島被運到臺灣後，還了槍、考了試，能力夠的考上了臺灣大學。我們都到草地上去看，我因為身體不好，不能站立，同學幫我帶了個凳子，讓我坐著看。那個戲曲演員的天分並不算特別好，但他們也是逃難的劇團，所以那聲「娘啊——」是發自內心最裏邊的聲音，那種情感裏的痛苦、悲哀和無可奈何，是從身體最深處發出來的。這一聲「娘啊——」，持續了兩三分鐘長，一直在空氣中迴旋——其實聲音已經沒有了，但一直在每個人心裏迴旋。全場一千多名觀眾，包括同學、眷村來的老小，大家號啕大哭。這就是內化，把外部的東西拉到你感情的最深處，爆發出來的影響。我再說下去我也要哭了。這一聲「娘啊——」，在座的人沒有一個不哭的，所有人號啕大哭，戲也唱不下去了。這種氛圍持續了將近二十分鐘，才慢慢安靜下來，演員在安靜下來之後，接下去唱後面楊四郎十多年的經歷和十多年的痛苦與悲哀。這個時候，就沒有第一聲的感受強了。我舉這種戲劇性的例子，是為了讓大家知道什麼叫「往裏走」。這個「裏」不是理性，是情的部分多於理的部分。情和理交融匯合，埋在你身體裏面，變成你性格的一部分，這個才叫「往裏走」。

我們看《水滸傳》，一般只看前一百回。有人說後面是另外一個人寫的，我不相信。《水滸傳》的前半段是「成住」，從山寨的興起到一百單八將歸位；後半段講的是「壞空」，征四寇到平方臘，打一仗梁山的好漢就折一批，到後來一百零八個好漢剩下來的不過三十多人而已。凱旋儀式上，這些人穿著殘破的戰袍，拖著已經用缺了口的兵刃，帶著傷從皇帝面前走過的情景，看上去感覺非常悲涼。但這悲涼之中，又埋藏深意。《水滸傳》的後半段裏，死得最慘的是領頭的人，宋江和盧俊義都是被皇帝毒死的。宋江死的時候帶走了好友李逵，因為他性格暴烈，怕他造反；另兩位死黨吳用和花榮，也一起自縊，隨宋江而去。這三個人是「反水滸」，他們一開始就和宋江最要好。吳用幫宋江設計了上梁山換一官半職的主意，一百零八個好漢的位置也是吳用編排的，冒充天意的石碑是吳用找人幫他刻印的。最初策劃這一切的人，最後一起都死了。

那誰活了下來？看得最清楚的老道和他的徒弟。本來是閒雲野鶴的浪子燕青，看到主人死了，他無家無室，流浪江湖，在人間混跡。他不受皇家爵祿，不貪圖虛榮，也就苟全了性命。還有在宋江之前的「舊梁山」裏那些水路上的英雄，如李俊、張橫、張順，以及童威、童猛兄弟。這些人乘船跑到暹羅去奪了王位，在海外稱霸。

梁山好漢裏志行最高潔的，是林沖、魯智深。梁山故事開始，就是林沖的夫人被高俅的乾兒子高衙內調戲，林沖隨即被陷害發配滄州。他和魯智深二人因武藝惺惺相惜，魯智深拔刀相助，一路護送林沖從汴梁到滄州。等到後來，二人不期而會，上了梁山。一個是騎射第一名的林沖，一個是步戰將領裏面第一名的魯智深。他們倆一生沒有做壞事，都是被欺負的人，他們最有資格說「我是清白的」。連武松都不是清白的，因為武松殺過嫂嫂，還殺過其他許多人。而林沖與魯智深是被冤枉的。

在「後水滸」的戰爭中，魯智深立了最後一個大功——抓到了方臘，然後不求名位，決定到廟裏做和尚：「洒家心已成灰，不願為官，只圖尋個淨了去處，安身立命足矣。」隨眾返京，他們駐紮在六和寺。深夜，魯智深誤聽了錢塘大潮的洶湧之聲，以為敵兵進犯，就撈起禪杖往外衝。經寺僧解釋，才知道是潮水來了。他想起當年師父智真長老的預言「聽潮而圓，見信而寂」，撫掌而笑，寫了一篇頌子，「聞潮坐化」。一起住在六和寺裏的還有風癱的林沖、折臂的武松。魯智深死後，武松出家，照顧林沖直到他去世。武松最後活到八十歲善終。這三個人，是《水滸傳》裏最純潔的人。

再講《西遊記》，孫悟空帶著豬八戒、沙悟淨，一路護送唐僧西天取經的故事。路上他們經歷了「八十一難」的艱難險阻，其實每個「難」都是內心需要面對的困難，是幻覺、幻象、企圖、野心和慾望，而非現實中的真正困難。所謂「解脱」，都是孫悟空跳出自己的心之外，心猿才救了意馬，救了貪婪的豬，救了糊塗的師父。但歷盡艱辛到最後，求來的經居然是假的，被孫悟空戳穿後才換成真經。到了河灘上，經書被打濕，真經化為白紙，成了「無字經」。

真理不依賴於文字，真理沒有辦法敘述，真理沒有辦法界定。這個啟發使得孫悟空悟到，他不用再回去重新取經書了。《西遊記》第九十八回，佛祖從下游划來一隻無底的船，眾人上船後，又看見上游漂下一具屍首，孫悟空對唐僧說：「那個原來是你。」「你」已經超脱了死亡，「你」看見了自己的死亡，而死亡是無底的船，漂在無底的河上。河、船、屍首、「你」「我」都是虛空的，都是不存在的。空，反而是真正的真理。所以「悟空」——「悟到」即是「空」。從此，孫悟空變成了「鬥戰聖佛」，化為真正的智慧，化為覺悟，化為「無」。

假如我沒有「往裏走」的想法，我就沒有辦法解讀上面這幾本書的內容。中國很多傳統的學問，比如《封神榜》也需要以這種視角來看待。《封神榜》裏面截教、闡教和正統的神佛打得死去活來，到最後所有的敵人也一概封神，按照他們的能力擔任一個職務，但是姜太公超越諸神之上。封完神，姜太公說：過去你們作為敵人，能力重合，以及羨慕、妒忌等種種引發了爭鬥，使得你們變成亡者——有的是被自己人消滅，有的是被敵人消滅。從今天開始，你們都有了各自的位置和名字。

姜太公的這段話，讓我想起美國南北戰爭時林肯的葛底斯堡演説。

林肯在描述這場內戰時，他的態度是：今天埋葬在這裏的不只是北邊的弟兄，也不只是南邊的弟兄。南北戰爭的弟兄在這裏彼此殘殺，獻出的生命都是為了要保衛一個他們自己所理解的共和國——美利堅合眾國。雖然他們因為意見不同而彼此殘殺，但他們的精神都值得我們敬佩。所以，在葛底斯堡，我們哀悼所有的亡靈，不只是勝利者，也不只是失敗者。林肯所傳達的這個精神，我也用來解釋姜太公封神以後的話。

從傳統小說的角度，我講到這個地步，希望各位讀者能夠懂得我如何使用「往裏走」的方法，得到另外一個角度的啟示。我不是一個聰明人，也不是一個濫情的人，但是因為長期堅持這種訓練，我能發覺更深層次的東西，甚至發現原作者或許都沒想到的地方。前面講到的傳統小說，其內容都很深邃和高明。作者想要傳遞的都是最高的智慧，希望我們明白的是：這熱熱鬧鬧的紙上雲煙，到了後來都是哀傷，哀傷之後有一個大的原諒，有一個大的慈悲。而「我自己」或許只是一個概念，是可以不存在的。

最後，我引用文天祥的《正氣歌》裏的幾句：「天地有正氣，雜然賦流形。下則為河嶽，上則為日星。於人曰浩然，沛乎塞蒼冥。」這種充塞天地的浩然之氣無所不在，從日月星辰到我們每個人的心中。文天祥在詩中舉出了很多胸懷正氣的歷史人物，其中有個別人我不敢苟同。比如「為嚴將軍頭」，嚴顏雖然對張飛說「但有斷頭將軍，無有降將軍」，但後來還是投降了張飛。除此之外，詩中講到的其他人，可以說都為了一個信念，為了一個忠誠——不忠於某個人，而是忠於一個理想、信念，連性命都在所不惜。

天地有正氣，你去抓就能抓得到

這個理想叫「天地之正氣」，這股正氣瀰漫於天地之間。你自己去抓，就得到了；你不去抓，就看不見摸不著。你要將它抓到你心裏，你才能理解「往裏走」的「裏」是什麼意思。我這個中等資質的人，尚且能夠用幾十年的時間慢慢琢磨出一條路來，如今這個時代的年輕人，很多人資質比我強，機會比我多，條件比我好，應該可以做得更多更好。我們如果能夠抓到這股天地正氣，打造好自己的內心，不再追求短暫的高興的「快」，不再追求短暫的虛榮的「樂」，也不會為了一己得失而喜悲，我們的行為、情感就能通達天地與靈魂。

說實話，我這一生的日子不好過。天生殘缺，到老了已經病了幾十年，如果不往裏走，我不可能活到今天。我也曾感覺活著沒有意義，但是我也不能隨便自殺，因為周圍還有我愛的人，他們愛我，我愛他們。我最親密的人是我的太太，還有我的兒子、孫子，以及我的同胞弟弟。推而廣之，世界上所有無辜的、被糟蹋的生靈，我都憐惜他們，我恨不得可以替他們。因為單就身體而言，我的狀態不如任何人，哪天我走了也只是走了一個殘缺者而已。但我內在的部分，和天地、宇宙是共通的。我可以為這個世界哀憐，為這個世界痛苦，為這個世界半夜流淚，但我也為世間人性光輝的部分歡喜且心存希望。

許倬雲

2022 年春於匹茲堡

第一章

疫情之下，這個世界會好嗎？

《都市之夜》，水墨設色紙本，96.3cm × 179.8cm

我也曾感覺活著沒有意義，如果不往裏走，

我不可能活到今天。

01

你是什麼樣的人，
就有什麼樣的人生

各位好，我是許倬雲。

我是一個一輩子教書的人，一輩子看書、寫書、教書。我接觸過的學生很多，幾十年的教書生涯裏，從本科生教到碩士、博士、博士後，所以一輩子都在處理有關人的問題。我現在想跟各位，尤其是當前中國的年輕人談談話。

你是什麼樣的人，就有什麼樣的人生

我們中國有個詞語，叫「大人」，什麼是「大人」呢？你要負起你的一切責任。生下你是你爸爸、媽媽的責任，長得好看、難看你都沒有責任。等你到了二十歲，你就要對自己的樣子負責任了。你的臉是什麼樣

子，表情是什麼樣子，這是你的責任。

一個人心情快樂，他的臉就漂漂亮亮、好看；一個人整天生氣、吵架，他的臉色就很難看。所以到了二十歲以後，你就要負起你的責任。將來你是什麼樣的面貌，人家就把你看作什麼樣的人，你就得到什麼樣的待遇。如同聲音反射回來一樣，你是什麼樣的人，人家就以什麼樣子待你。

換句話說，你今後的人生遭遇，你承受的所有好話、壞話，好舉動、壞舉動，十之七八是你的責任。有一個電影團隊拍電影，要找個演員演天使，找了半天找了個很俊美的男生來扮演。二十年後，他們要找一個演員演魔鬼，結果找到一個外貌很好看，骨子裏透出來的氣質卻是魔鬼的人。問他姓名，發現這個名字很熟——他說我也覺得你們很熟，你們這個電影團隊曾經找過我。所以這個人以前像天使，後來像魔鬼。這是誰造成的呢？這二十年裏，他的所作所為塑造了他的形象，這個形象代表的是他真實的自己，這個真實的自己不是俊美的五官。醜人也可以很吸引人，俊美的人也可以叫人很討厭。所以，從這個故事裏可以看出：你是什麼樣的人，是你自己的責任。

穿衣、吃飯、開名車，這是一種包裝。一瓶酒包裝得是否好看，並不能決定酒的品質好壞。包裝得再難看，如果打開瓶子一股酒香叫人馬上饞了，這就是真正的好酒。評判倒出來的第一杯酒，就看它的樣子、顏色和風味，判斷一個人也是相似的道理。所以人生由你自己創造，由你自己鑄造，由你自己塑造，由你自己培養。你成為今天這個樣子，你自己是要負責任的。「樣子」可以叫作「修養」，也可以叫作「印象」，或者說是一個認識你的指標，它反映的是內在的東西，而不是外面的衣裝。你的每一句話是讓自己更好看還是更難看，是你需要時時刻刻注意的事情。

人要怎麼樣取得修養？人生下來都是一片空白，「哇」地一哭的時候，才第一次表現自己。他是一片空白，但他馬上就接收了外界的信號：媽媽親一親，醫生拍一拍，爸爸抱在身邊不放。初生的娃娃可能不知道這些信號，但很快他就知道了。這些信號幫助他塑造自己，他對身邊的人有了感覺，也有了認識。人一輩子無時無刻不在接收外面的信號，無時無刻不在學知識，只是到了一個地步後，不在生活裏邊求而已。

知識要從知識的工具上求。談話、討論、念書、查資料和研究等，這些都是獲取知識的工具。知識轉變成感覺是直接的，一堆知識湊起來才是感覺。香、辣、臭、苦，都是得來的感覺。但不同的人對同一個材料，他的感覺可能完全不一樣。同一杯酒在不同的時候，哪怕是同一個人，喝起來的感覺也不一樣，佛家的一部經典專門講這個東西。感覺本身會因時、因地、因心情而異，所以感覺靠不住，你接收的信號靠不住。

誰來判斷呢？你的「心」在判斷。「心」，在英文裏叫「mind」（心思），它所在的地方叫「brain」（大腦）；在中文裏的意思則是「heart」（內心），是「心裏頭」的感覺。這個概念就顯示了中國和西方觀念的區別。我這次談的是中國的「心」，因為我是中國人，我對自己的整個認識也是中國式的。中國人講「貌由心生」「命由心生」，心裏面生出你的面貌，心裏面生出你的命運，一切都受到心的影響。現代心理學認為，人心基本上是相同的，但是人心裏面獲得的經驗，累積起來的基礎的「經驗庫」是不同的。這個「經驗庫」接收信號，並且改造信號。所以，你在「經驗庫」裏檢查接收的信號之後，再把它解釋、投射出去，你對事物的印象和反應就不一樣。

簡單地講，學習是你自己決定的，不是旁人決定的，你無時無刻不在決定。但是只有搜羅資料、認識資料以後，你才能夠以最好的方向、最好的方式、最好的途徑發展良好的性格。這是別人對你的印象，也是對你這個人的評斷和認識，進而決定了你的遭遇，決定了你到老時是懊悔還是不懊悔。我之所以說這些話，是因為十七八歲以至於更早，你就要一步步負起自己的責任，這不是有人來勸告你就可以解決的，也不是讀一本書就可以解決的。

中國的小孩唸《三字經》:「人之初，性本善。性相近，習相遠。」人之初，本來是善的，沒有小孩天生是小魔鬼；性相近，天性是差不多的；習相遠，遭遇的事情、學到的東西不一樣。人生下來時的面貌都差不多，到後來卻會有一千個、一萬個面貌。所以在我剛才講的故事裏，二十歲是天使的人到了四十歲就變成了魔鬼。你在改變你自己，也是在改變你自己的命運。

中國人相面講的是五官，五官不能改，但五官的狀態可以改——尤其眼睛、嘴巴可以改。嘴巴跟眼睛不僅容易改，而且透露了你心裏的感覺和想法。這個相面不是看你的表面，而是看你透出來的總體表現。所以說「命由心生」，就是這個道理。你想做什麼樣的人，就會遭遇什麼樣的待遇。

想要做什麼樣的人，也是你自己決定

這是個大的過程，我們稱之為「價值分類」。「價值分類」是給你一個材料，你消化了以後變成另一個東西，這是個提煉的過程。至於是提煉成了比較原始的材料，還是提煉成酒或煙，不管提煉成什麼，這個提煉出來的東西叫「智慧」。智慧本身沒有底和邊，也沒有任何人可以判斷這些智慧有多深。

智慧，就是把所有的經驗、知識綜合起來。就好比燒一盤菜，同樣的油、鹽、醬、醋和原材料，水平高的廚子就可以做成不同的菜。什麼時候放什麼材料、用什麼溫度、怎麼調，這就構成了它的差別。所以，智慧需要從知識裏面提煉。知識變成智慧以後，它就會替你決定你一生創造的價值。你重視什麼樣的價值，你覺得什麼對你的人生最重要，這些都將大不一樣。

比如說，有人喜歡名，有人喜歡利，有人喜歡恭維，有人喜歡享受，有人喜歡大魚大肉，有人喜歡蘿蔔白菜，其中的境界很不一樣。如果要達到他的境界，他該怎麼辦？他應該決定大的原則。一個人想要做什麼樣的人，就要決定幾個大原則。一個太貪財的人，他可以什麼都不要，就抱著元寶或者一大堆鈔票，天天在股票上花錢，想著怎麼投資。這個人一輩子貪財，他的面貌看起來是「貪」，他心裏的判斷是「貪」。這種人只想得，不想失。失對他是最大的打擊，得對他是最大的快樂。但他一輩子十之八九是不快樂的，因為股票、投資上他贏的機會少，輸的機會多——或者贏了一百次，最後一次輸光。這一次輸光是什麼時候？是死亡的時候，死亡就是一次輸光所有的人生——是不是？

這種貪，是人的一種慾望。如果一個人一輩子的慾望是貪，他的面貌、他的談話、他的形象都將是這個樣子。你碰到這種人，和他交朋友，你要小心。他在打你的算盤，算你可以讓他賺多少錢。

另一種人喜歡名，例如歌劇明星、電影明星，以及其他種種明星。

在沒有歌劇、電視機、照相機的時候，這類人無論做什麼都要別人稱讚他。如果他本身有好名聲，這個好辦。如果一個人專門以弄巧、揩油、投機來得到錢財，而另外一個人用自己的知識、能力換來一樣數目的錢財，別人對他們的判斷就會不一樣。投機者不受尊敬，努力做成專家的人受人尊敬。

就成功與名譽來講，有些人可以堆砌、塑造一個形象，他們肚子裏只有一點墨水，但假裝念過很多書。這類人沽名釣譽，去找廣告公司幫他們塑造形象，這種事天下多得很。我隨便舉個例子：美國的總統選舉制從開國以來，基本上是靠候選人與別人對談、講演等獲取選票。

1960 年的選舉，是肯尼迪獲勝。從擊敗別的候選人，到被民眾擁護，他一直在做廣告。他僱用了美國紐約麥迪遜廣場上最大的一家廣告公司，那家廣告公司專門替好萊塢明星、球隊裏的明星球員等塑造形象。

那時候我在芝加哥讀書，這是一個選舉氛圍很濃厚的地方。在我的同學、朋友和老師中，有很多人對選舉非常關注。有一次我碰到一個朋友，他是我大學時候的同班同學，住對面宿舍。他坐在電視機前直搖頭，我問他為什麼搖頭，他說肯尼迪在「賣形象」，僱了廣告公司幫他競選。肯尼迪的細節做到什麼程度呢？他與尼克松辯論的時候，尼克松沒有刮鬍子，臉上沒有塗粉、塗油，而他是全盤找美容師做過。尼克松就在那次辯論上敗下陣來。

肯尼迪獲得了什麼？他獲得了世界上最大的獎品：美利堅合眾國的總統。而且這個總統形象光輝，他被認為是美男子，是能幹的人。他的班底都是一群了不起的人，但他又死得很悲劇。

今天我們在做美國歷任總統排名的時候，發現肯尼迪沒有功勞，他幾乎是剛剛在及格線上而已。我們現在開始懊悔，當年把尼克松逼到那條路上，最後他只能回到自己原來的工作崗位。但那時尼克松的性格已經變了，之後又做了幾件錯事。但整體來講，和肯尼迪這個光輝、了不起的總統來對比，尼克松其實比他高明。

真正的成功、失敗，和表面的成功、失敗顛倒過來了。通過他人塑造所得來的名譽、光輝都是假的。名譽一大半可以由他人塑造，得到的是真名譽還是假名譽，只有他自己知道。我是因為偶然跟肯尼迪的班主任談了一晚上話，才了解背景。後來，我帶著這個解釋看肯尼迪的時候，每一次他講演、施政，我都有批評。我的批評往往和《華盛頓郵報》《紐約時報》第二天的批評相當接近。瞞得了天下，但瞞不了自己，這個修為是要在內心裏面自己做的。

所以，這些是我當下對各位的勸告。你是什麼樣的人？大家接受的你是什麼樣的人？到最後死了還不算完，死後大家對你的評價都不一樣，要等二十年以後，或許才能有相對真實、客觀的評價。假如你是寫文章的人或做研究工作的人，可能要到五年以後才能檢驗你五成的研究成果，可能要到三十年以後才能檢驗你整體的成就，可能要到你死後五十年才有人發現你是錯的，有人發現你是對的。但是你只負自己的責任，外面的記錄、光輝都和你沒有關係。

02

我們所處的世界，究竟面臨何種局面？

剛剛過去的一年[1]，其實是變化很多的一年，蔓延全球的疫情是個大問題。因為美國的地位特殊，是世界強國，而特朗普總統[2]胡作妄為，使得美國內部時局大亂。在美國居住、生活的人，能深深地感受到一種刺激：我們所處的世界，究竟面臨著一個什麼樣的局面？

疫情的出現使得我們認識到世界不可分割，在全球化的今天，一個地方有疫情，其他地方都跑不了。哪個國家或地區，會忽然變成疫情蔓延最嚴重的地方，你也不知道。但是誰也沒料到，美國居然成為今天受疫情影響最嚴重的地方。按理說，美國這個世界上最有財力、最有科技實力的國家，應該有足夠的能力去應付這場災難，為什麼卻捅了這麼大

---

❶ 本文的寫作時間為 2021 年初，這裏的「過去的一年」指 2020 年。——編者註（本書註釋如無特殊說明，均為編者註）

❷ 唐納德 · 特朗普，美國第 45 任總統，任期為 2017 年 1 月 20 日—2021 年 1 月 20 日。

的妻子？那麼是不是美國的制度遇到了困難，出現了政治制度衰老的問題？美國的制度本來就有缺陷，何況歷史的經驗告訴我們：即使曾經美好的制度，隨著時間的推移和人心的變化，其缺陷也會日漸顯現出來。沒有一個制度是完美的，因為世界是永遠變化的。

美國的疫情，使得我們在今年過聖誕、新年的時候，發現幾乎很少有人像過去那般歡天喜地。因為我們正在面臨的是撲面而來的疫情，每天新增很多死亡人數，每天都有城市封城。整個英國封閉了，德國也在封閉。新的一年「特朗普皇帝」走了，新人拜登❶能不能力挽狂瀾？這種局面不是一個人所能挽回的，需要依靠的是整個美國社會結構性的改革。美國能完成如此任務嗎？一切令人十分擔心。

按照中國的傳統，我們在「恭賀新禧」之後，還要送舊年。送舊年，在我個人看來，主要是「送瘟神」，我希望送走的不僅僅是疫情，也希望能送走美國內部政治文化老化之後產生的腐爛——這全是內部災難。我也歡迎這新的一年。假如美國政府能夠直面當前政治上、疫情防控上的問題，並且能夠順利地解決這些問題，我們也許能回到全球化的順暢道路上去，大家各做各的事情。借用社會學家費孝通的話，我們「各美其美，美人之美」，以人之美為己之美，以己之美為人之美，互相交換長處，互相欣賞長處，世界將會和諧。我盼望新的一年是走向美好、走向全球化的世界大同的第一步，也盼望災難就此過去。

---

❶ 約瑟夫·拜登，美國第 46 任總統。

03

天、人沒有大變，
一切在安定、冷靜中度過

要在充分的資訊之中，把知識當作海洋裏面的洋流，當作山峽裏面的浪濤，當作瀑布下面的衝擊，當作長浪底下的壓迫。你自己從資料之中求得它、分析它、綜合它，自己要保持分析知識和綜合知識的能力。這就是最重要的一件事。

我們為什麼讀書？讀書不是為了學位，讀書是為了獲得一種判斷世界的能力。判斷的第一步就是看見環境，懂得環境。第二步，懂得分析哪些常識是暫時的，哪些是人不可避免的一些錯誤；對於可以避免的錯誤，你自己至少不要犯。保持相當程度的知識訓練之後，就能取得安定和冷靜。

總之，天、人沒有大變，你要在安定、冷靜之中度過。你不要想著改變不能改變的事情，比如天地之間的自然，讓明天不再有壞天氣。天天是晴天，那就糟糕了，沒有水了，莊稼不可能生長。世界不可能永遠

平靜，只能求自己的安定、冷靜。

說起來容易，做起來難。人一輩子做的工作就是訓練自己、教育自己。要知道知識不是資料，而是從資料裏面提煉出來的，我們能夠藉此找到一些方向，找方向的過程是尋找智慧的途徑。每個人智慧的境界有高有低，這要碰運氣：有沒有很多人幫忙，共同提升智慧？一個人面臨刺激或挑戰的時候，能不能壓得下去？如果他被一棒槌打到底，就此泄氣的話，就無從分析了。

這些都是安定自己，隨時隨地要做的事。聽起來很抽象，但我沒辦法說得更具體，因為這與一個人所處的環境、當下的具體情況有密切的關係。比如我自己，最近受到的極大的困擾就是身體老化迅速。從前幾個月到現在，我逐漸沒有辦法走路了，只能坐輪椅。最近腳水腫，這就造成一個困難，水腫使腳更加動不了，上床、下床極為困難。書桌就擺在我的床旁邊，上床、下床走最少的距離，這都不得已做了新的調整。現在我睡的這張床也是新換來的醫療床，這都是必要時做的調節。

幸運的是有我的太太，她幫我做菜、做事；餵我吃飯，幫我洗臉；把我從輪椅里拉起來，讓我拄著棍走；轉方向、換椅子⋯⋯都是她幫我做。人間有愛，她的愛讓我能夠把眼前的日子過下去。我在這個時候感激上天，感激她。這就是面臨如此大的個人困難，我是怎麼處理的。我面臨的這些困難，是出生以來一直有的。我不能不在這中間，尋找自己的安身立命之所。

04

當今時代，
如何過真正有力量的生活？

「有力量」這個詞很難說，我只能說讓一個人求得內心的豐富，正是各個文化的創始者都在處理的問題。為什麼顏淵的生活比別的幾個學生都差，卻被孔子視為自己最優秀的學生？孔子解釋說：雖然顏淵與子貢的生活水平差得很遠，子貢很有錢，顏淵很窮，但顏淵的內心很豐富。孔子如是想，希臘的智者也如是想。雖然外表很窮，看上去身體也沒力量，但我內心很豐富。這是自古以來的聖者、賢者都在追尋的內在境界。

近百年來的中國，國家求強，人民求富。我們的民族追求富強，人民追求更好、更快樂乃至稱心如意的生活。在我看來，中國的儒家跟道家其實有不一樣的追尋：他們求的是內心的安定、平靜和有把握，不隨波逐流，內心有定力，有主見。「有主見」就是有主心骨，使得你在狂風暴雨、驚濤駭浪之中不翻船。

你要知道，什麼是最重要的。只有「存在」最重要。不能說低頭像條哈巴狗就是存在，要像人那樣存在：我不如別人有錢，但是我內心比很多人豐富，我可以去過我的日子。這就是孔子認同的顏淵的生活方式，這就是孔子認同的一種價值取向。但孔子也並不希望每個人都像顏淵那麼窮——能夠不那麼窮，還能過得有希望，有自信心，不做虧心事，這樣的人生就已經很有力量了。

我個人認為，人生目標有幾條。最要緊的一條，是「存在」；第二條是存在於這世界上，你要有尊嚴，不要委屈自己去求取榮華富貴，甚至只為了求取一個更好的待遇。假如你的興趣不在做醫生，你不要勉強自己學醫科；你的興趣在學文學，即使你可能生活得窮一點，也要想辦法堅持自己生命發展的方向。

但同時，有了不同的目標之後，每個人的內心要怎麼充實呢？靠輸入素材，特別是有關生活意義的素材，充實自己的內心。多看看文學作品，多讀讀好的詩詞歌賦，多聽聽好的音樂，多看看別人討論生活意義的文章⋯⋯它們幫助你明白，世界上有這麼美妙的聲音，有這麼美好的境界。

北宋程顥的《春日偶成》裏有句詩「時人不識余心樂」，人家不知道我心裏很快樂，我心裏很安靜。就像我們站在水邊，看到水面上漂了幾片浮萍，一切安靜，天上的雲彩在水池裏蕩漾：我在享受此刻，這就是得到了內心世界的平靜。陶淵明如此，孔子如此，蘇軾也如此。

蘇東坡一輩子在政治上東奔西走、起起落落，得寵、被逐，一下被人恭維，一下被人唾罵。但這都不是最重要的。最重要的是表象背後他所持守的內心的寧靜。蘇東坡説，他一生最重要的關口是「三州」——黃州[1]、惠州[2]、儋州[3]，這三個階段對他的人生最重要。這是他被發配的三個地方，一次比一次偏遠。

他最重要的作品之一《赤壁賦》，就是在黃州寫的。到了寫《定風波》，他講走過了風風雨雨，「回首向來蕭瑟處，歸去，也無風雨也無晴」，就是一江風景。晚上回家敲門沒人應答，守門的童子睡著了，他也可以「倚杖聽江聲」，悠悠閒閒地看著江水，聽江聲浩浩蕩蕩。中秋節到了，他想見弟弟蘇轍卻見不著，就寫了一首詞《水調歌頭》表達自己的思念之情：「但願人長久，千里共嬋娟。」——雖然我們兄弟天南地北，但是心心相印，我們還是在一起的。

後來蘇東坡被貶到了海南儋州，陪伴他的朝雲[4]也已去世。他想念家鄉，從海南島望向大陸，能遠遠地看見一條頭髮絲一樣的線，就是海對面的雷州半島的邊緣。他心裏想著：這條線遠遠過去，再往前就是家的所在——「青山一髮是中原」。但是他回過頭來，仍舊教導當地的兒童唸書，自己品味甜美的荔枝，悠悠閒閒寫點詩，自己消遣歲月，心境求個安定。

等到後來再見到當年的政敵時，他已經沒有仇恨了，雖然這些人害他半生都被流放在外。面對仇人，他內心安定，因為自己找到了內心世界，可以不在乎起起落落，不在乎責罵，不在乎誹謗。這種境界，在許

---

❶ 今湖北省黃岡市。

❷ 今廣東省惠州市。

❸ 今海南省儋州市。

❹ 王朝雲，蘇軾的侍妾及紅顏知己，在跟隨蘇軾謫居惠州期間去世，時年三十四歲。

多人的文學作品裏也能看見；這種心情，可以幫助我們獲得內心的安定與寧靜。

杜甫也一樣，他看著浮雲從松枝間飄過，看著江流沖斷江岸，前行的道路斷了，江上浪濤洶湧。他平平靜靜地看著，浮雲在天上緩慢地飄過，四周寧靜：好一個安靜的世界，他自己也是安靜的。

佛家也如此，在艱難困苦之中找個安靜的所在，這是自己的修養。獲得這種內心的安靜，我認為其常見的來源是文學作品。杜甫、蘇軾、陶淵明這樣的人是榜樣，我們能看見他們的不幸，也能看見他們超越了一己的命運。相較於他們命運的不幸，我們已經算是「比上不足，比下有餘」。有這麼多先賢能在逆境之中自得其樂，我何嘗不可以呢？這不是逃避，這是尋覓自己的世界。

我生而殘疾，八歲以前不能走路，八歲以後我坐在竹凳上，手拉著竹凳半寸半寸地跳。再後來，我可以拄棍稍微移動，但在很長時間內不能做任何事，只能坐在凳子上或門檻上。別人忙他們的事情，我可以看上一個小時。我看一堆螞蟻從窩裏出來，每隻螞蟻從大葉子上採一塊扛在背上，排成一隊走單線回到窩裏。如此情景我看了一個小時，像看一場很有趣的戲劇，也能由此發現螞蟻的智慧。這種方式叫「自我排遣」，自己尋找安頓的地方。

孔子經常稱讚顏淵，說他窮得飲食不濟，依然自得其樂，有一碗飯夠果腹、一瓢水夠解渴就能滿足。孔子一輩子欣賞自得其樂的境界。春天，他帶了一些學生到水邊上去洗塵。那時候不是每天都有機會清洗一冬的塵污：天氣暖和了，水比較暖了，大家可以下河洗澡了。浴罷起來，大夥閒談。孔子詢問下河同浴的學生：「你們的志向是什麼？」有的人志向在治國平天下，有的人志向在撰寫偉大的著作。他看曾點（曾點是曾子的父親，父子都是孔子的學生)，曾點鼓著瑟自得其樂：「暮春者，春服既成，冠者五六人，童子六七人，浴乎沂，風乎舞雩，詠而歸。」這不是逃避人生，這是尋找安頓自己內心的境界。

05

即使是清貧的生活，也有直接、現實的快樂

前文所說的境界，是平淡歲月裏，不必花費金錢就可獲得的悠閒。相對言之，富貴未必能讓人得到幸福。富貴人家的子弟也會天天擔憂，父親的財產會不會分給他。哪怕是分得了部分財產，還會擔心父親走了以後，會不會坐吃山空。這都是富貴人家的通病：張三、李四昨天請我吃飯，今天我得回報，還得找個更好的館子；找不著更好的，或者廚師有一道菜做錯了，就能生氣老半天；或者在賭場裏面我一擲千金，輸了我不在乎，我輸得起，但是連著輸感覺沒面子也會難過。這就叫自尋煩惱，寒門子弟就沒有這方面的煩惱。

大山裏面的窮苦人家，大字不識，整天為生活勞苦奔波，但他們也有自己的安樂。抗日戰爭時期，我曾在農村住過。農忙的時候，我看著農夫們到田裏去插秧、抽水，從頭到尾都很辛苦，忙出一身大汗。到了六七點鐘天快黑了，到田邊上洗乾淨手，太太送飯來了。在田坎兒上，

太太帶來一壺茶、一杯酒、一頓安安穩穩的飯，夫妻倆一起邊吃邊拉家常：「你今天累啦？」「還好啦，日子過得還可以，地裏今天水很夠，一切很好，蟲也不多。」這種談話是很快樂的，不是你想像的那樣，不識字的勞苦人也有人家的安樂。他們的問答通常很樸實：「隔壁的老三怎麼樣啦？」「老三今天病好了。」這是非常家常的對話，從這種直接、現實的快樂，他們能得到安靜。夫妻倆吃完飯一同回去後，太太打理家務，先生搓繩、整理農具等。這些大山裏的窮困地方，一般老百姓在日常生活裏也有他們自己的快樂。其實，人生一輩子能求得那種快樂，也就不容易了。

06

理想就是盡我的能力，做我可以做的事情

怎麼定義國家，怎麼定義理想，都是你自己的事情。如果你出不了國，就盡量幫助國家，盡量在國家已定的法律之內做事。如果法律不合理，盡量想辦法推動其做出改變。在有自由發言權的地方，你可以自由發言；在沒有自由發言權的地方，你也一樣可以慢慢通過各種機會、在各種場合之中去了解，某些事情不是完全合理的，我們應該有所改進。一個人能夠盡己力，做好該做的事情，就是很了不起的事，就是對國家、對民族的貢獻。如果我們像有些美國總統一樣，拿「國家光榮」當一個無謂的口號，那就沒意思了，也錯誤了。

有關個人理想，我們可以拿它當作一個人生規劃。但不要為人生制訂宏大計劃，比如我一定要每年賺十萬元，賺到了十萬元以後就會想著賺一百萬元、一千萬元⋯⋯慾望永遠沒有滿足的時候。你也不要說自己明天怎麼樣、後天怎麼樣，把眼前的事情做好就不錯了。理想就是

盡我的能力，做我可以做的事情。但每個人理想的境界不一樣。有的人理想很簡單，就是專注於做人之道，人人說這個人是好人，我們都喜歡他，他不害人，他不損人，他不欺壓人，這就夠好了。能做到鄰居喜歡你，壞人不恨你，這就不錯了。這也是一種理想。

07

疫情之下，
這個世界會好嗎？

大災難以後，人類的世界觀會發生改變。東漢末年黃巾之亂以後，就是三國時期的連年戰亂。更要命的是，當時的傳染病還帶來大規模的人口死亡。例如：「醫聖」張仲景的家族本來有兩百多口人，不到十年就死了三分之二。三國以後就是兩晉南北朝，那個時代的人經歷過前面所說的疫情、戰亂，思想文化發生巨大的變化，轉而更為注重內心生活。比如竹林七賢、陶淵明，他們都是魏晉南北朝的人物，思想觀念和漢朝人已經大不一樣。在漢朝，佛教、道教發展的機會不大；到了這個時期，佛教、道教就開始快速發展。這種災難以後的安定，與以前不一樣：人會懂得互相幫忙，懂得互相關心，懂得為彼此分憂，也彼此分享所擁有的物質資源。這是我們在這次疫情之後，應該學到的經驗。

中國很多地方或小區經歷過封鎖，解除封鎖以後，我們還要重建生活，重建社區精神，社區內部的鄰里交情會變得很重要。這次疫情的影響，就是迫使我們去思考過去想不到的問題。很多人經歷了生死之間一線之隔，在死亡面前，之前佔據我們生活的金錢、事業可能就變淡了很多，這也使得我們開始重新審視自己內心的需求——人一旦死了，還在乎這些東西嗎？人的一生，究竟什麼才是重要的？

這些都是災難給我們的提示——當你忽然覺得兩條腿可能隨時沒有了，你才會珍惜今天能正常走路的生活。你看到了我身上的殘疾，才會感受到能夠隨心所欲地跑跑跳跳，能夠獨立自由地做自己的事，這些看似普通的人生裏面的幸福。

疫情在全世界蔓延的這段時間，你、我忽然感到未來是如此不確定。戰爭的陰影也揮之不去。因為特朗普好戰，他以中國為假想敵，時時刻刻要挑戰中國。美國正處在霸權衰弱的時期，世界格局潛流暗湧。世界的命運會走向何處？這是當下我們關心的問題。現在的歷史研究，主要審視過去的人類社會。既然今天的世界變化如此複雜，歷史對於我們認識世界還有用處嗎？

當今也是科技至上的時代，科學技術發展非常迅速，人們開始擔憂未來的人工智能會瀕臨失控，人類可能沒法控制它。就如同今天的疫情，我們目前也沒辦法控制它。其實這種「失控」所帶來的恐慌，在核武器出現的時代就已經有了。核武器毀滅性的力量，我們就已感覺無法控制。今天，大家感受到的恐懼和惶惑，我完全能夠理解，尤其對於年輕人而言，更是難逃的恐懼。

08

如何才能「往裏走，安頓自己」？

這個課題有關安身立命，非常大。假如我們真要按中國的老説法來講，就是「為天地立心，為生民立命，為往聖繼絕學，為萬世開太平」，但那種大氣魄沒有幾個人能做到。這種大氣魄所包含的四個項目，每個項目都涵蓋著一部分人文社會學科或者幾個人文社會學科的目標。所以真正講起來，這四句話是對讀書人的期許——不需要一下子全部做到，我們也可以分擔一個大任務裏面的一個角色，就等於給你一個大花園，真正讓你做的是照顧三五棵小樹。所以，我們也未嘗不能從這個角度來討論「安頓自己」，「安頓在哪裏」。

安身的事情，我覺得《論語》裏面講得很對：要「安人」。但怎麼個安法？是讓你自己覺得安心；不是安天地之心，是要安你自己的心。這一點真正要做到的話，需要像《孟子》裏面講的那樣：你要能將心比心，有惻隱之心、廉恥之心等。也就是説，你能夠把你的心擺在人家的心裏，把人家的心擺在你的心裏，你能覺得你做某件事情是安心的，對他人有益處或者至少是無害的；同時，對你自己而言，也是盡了心，完成了自己的願望。在中國傳統文化裏，盡心盡力做好一件事，這是「忠道」；做事的時候自己能夠時時反省，對他人能夠體諒、包容，能夠做到將心比心、利人利己，這叫「恕道」。

做到「忠恕之道」並不容易。「恕道」需要我們經常體會：這一刻我的心安在哪裏？能不能以我的心與對方的心相契合？這需要我們時常設身處地去思考——這一腳踩下去，是應該還是不應該？會不會踩到人家的腳呢？「忠道」需要我們經常思考：做一件事情我有沒有盡心？盡心去做一件事情，跟馬馬虎虎地半做不做差別很大。你答應一個人要替他完成挺多事情，口惠而實不至，這就是不忠；反過來把承諾的事情忘了，更不忠；如果違背當初的承諾倒過來做，就更可惡了。所以，忠恕之道，不外乎是將心比心。我們安自己的心，如果能兼修忠恕之道，兩方面都做到的話，這才是「安己」。

所以，要先修己以安人。修你自己，像修一棵樹——剪掉樹上的殘枝敗葉，加水，加肥料，不斷成長進步，這是修己：修正自己做錯的事情，把做對的經驗留下來。只有把「修己」這一步完成了，接下來才有能力去「安人」。你自己安不下來的話，就無從「安人」。就「安人」而言，我們一生能安幾個人呢？人的力氣有大有小，志向也有遠有近。我們能夠安到自己做個不惹人嫌、不惹是非、不害人的人，其實就已經不錯了。從樓上走來一個不方便的人，在他下樓梯的時候伸一把手，援助他一下，跟他講「小心前面腳步」——真的，這就是第一步，為人家著想。日常生活裏能做到這一點，你就能讓周圍人的心安了，這就叫「安人」了。

更進一步呢？安人，除了安周圍的人之外，還要安與你處於同社會圈、同文化圈裏面的人。這個工作就比較困難，但是有能力的人也應該盡力而為之。沒有能力的人，當然可以審量自己的能力，能做多少是多少。不能做爛好人，不能幫倒忙，幫忙要幫得恰到好處，安慰人要安慰得恰到好處。比如一位老先生，明明坐在那兒挺好的，你說我給你挪個位置，這是給他添麻煩——你說我扶你起來，他說我不要起來。這種事靠你自己審量行事。更大的安人是安大眾，也就是最後一步安民、安百姓。這裏所說的「百姓」，不是《百家姓》的「百姓」，而是多數的、全人類的各種族群。有大能力的人，可以做一做事情以安百姓，我們這些人沒辦法做安百姓之事，就讓人家去做。我們能夠安周圍的人，安伸手能碰到的人，安對面說話的人，這就是安人了。

但作為普通人，究竟怎樣才可以做到真正的安人？在你的本行工作裏，做好一樁事，這就是安人了。比如我自己做本行工作，一方面要在研究工作裏從已知求未知，另外一方面要承上啟下，將我學來的東西教給下一代人，引他們進入，而不是塞給他們。能把這些工作做好，我們其實就已經相當不錯了。我想，我們每個人都有一定的願望，但是有時候情況不一定如你所願。那麼這時候我能盡其所安，盡心之所安，我就做到了我的力量之所在。

不必說我有大志、有大願，但因為沒機會，就心懷怨恨。不必的，碰到機會就去做，這樣就夠了。像蘇東坡一輩子很不幸，一輩子被壓迫、被打壓。但是所在之地，沒有他不做的事情。被貶到哪兒，他就靜下來做點事。被貶到定州，他就組個團隊來幫著編民兵；被貶到徐州，他就幫當地人治水，使水患變得不那麼嚴重；被貶到收瓷器的地方，他就幫他們研究怎麼收最好的瓷器。到最後不得已了，被貶到海南島——你別認為他只是在那兒「日啖荔枝三百顆」，那種吃法準會生病。他在那裏教當地的兒童語文，盡他之心，盡他之力。他在赤壁旁邊的江上寫《赤壁賦》，豁達大度，但是並不因為豁達大度，看出來這一切不值得重視，就不做了；而是能盡心做的事，就盡心去做。這是蘇東坡之所以為蘇東坡也。我們看他的文章，讀他的詩，被他感動，不是因為他的功績，不是因為他的成績，而是因為他的人品佩服他。所以，他這種無形之中感召的力量，是安人之心，也是我們可以學習的目標和方向。

我們這行的人，做研究、做學術、寫文章，不外乎要在角落裏某個沒有人碰的題目上，破出一塊土來，不必求大名聲。如我的老師劉崇鋐先生所講：如果我自己不能在歷史長河裏成為一個有大貢獻的人，至少我的一篇文章，被某個大科目的文章或書引用，我就盡了我的一片心。這是劉崇鋐先生的願望。他說能做報紙的標題人物，當然是你的福氣或者運氣，同時也是你的挑戰，以及你的負擔。你一輩子努力，最後能夠在某幾個角落裏作為腳註，支援別人的研究，使他的立論得到一個很好的立足點，那麼你的功勞就很大。所以，不一定要做領頭羊，要甘心做「腳註」。你能夠做到一輩子有一篇文章被人家引用作為腳註，我認為就是很大的成就了。因為你幫了他一把，做了一個台階；那篇文章又幫助別人一把，做了台階。每個人的研究一步一步累積起來，終於碰到了大家，那位大家走了一千步，但這一千步裏的一小步中，有一個台階是你的，這就盡了你的心。這就是我所謂「盡心而為之」的意思，不要求高，但要求「盡其在我」。至於最後能不能成功，我是不知道的。

第二章

快速轉變的時代，我們該如何面對迷茫？

《仰望與橫看》，水墨紙本，68.7cm × 139cm

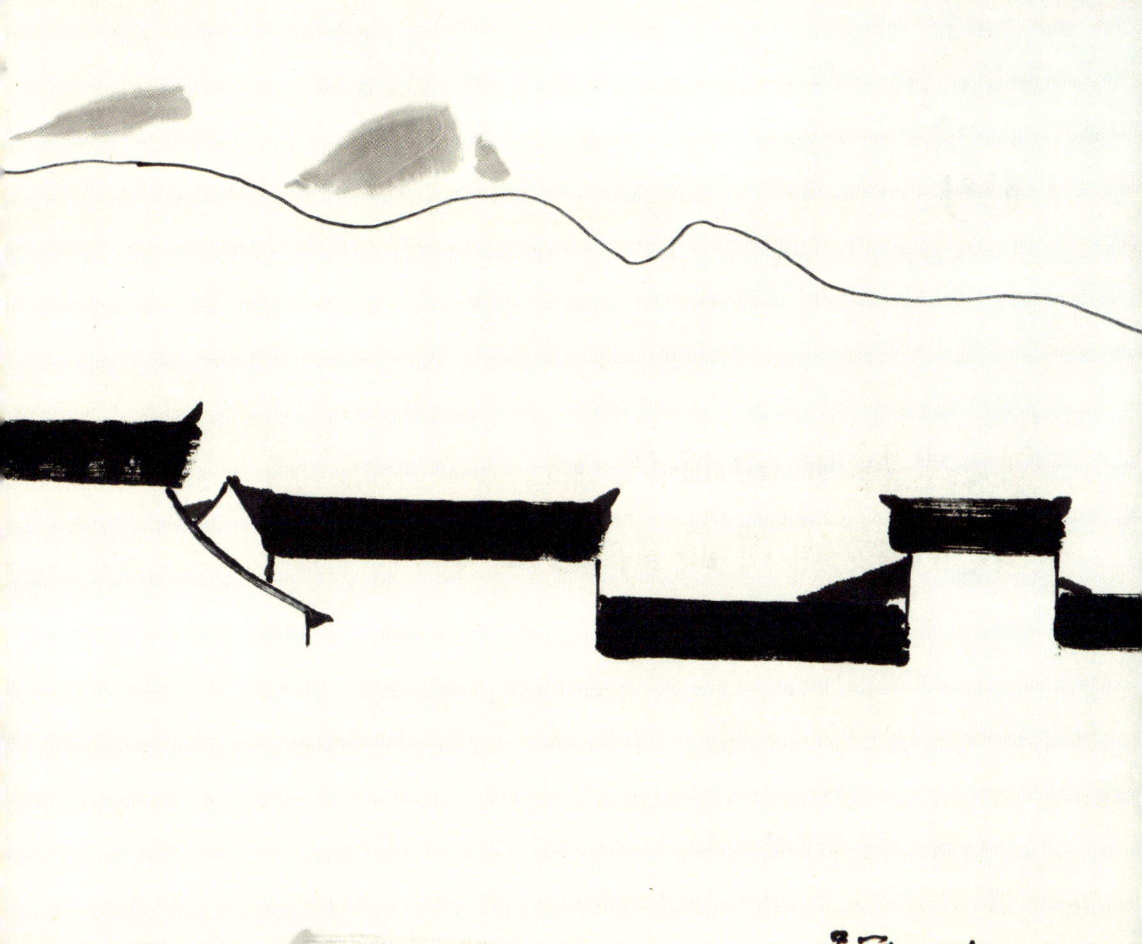

不要糟蹋自己，不要屈服於這個世界。

09

快速轉變的時代，我們該如何面對迷茫？

個人迷茫這種情況普遍出現，我想是和今天的世界正在快速轉變有關。我曾經屬舊世界，各位身處新世界。在中國，你們剛剛踏入的新世界，和舊世界最大的差別在於它轉變得非常快。以美國而論，這個新世界也出現二三十年了。除了過去一百年來不斷發展的都市化現象以外，互聯網的出現使得人類社會運轉的速度加快了。我們的代溝越來越大，網速越來越快，生活節奏也在不斷加快。這使得習慣於安定的舊社會生活的人，一下子被碰破了頭——你覺得世界離你太遠，下一秒，世界又好像逼到你頭上來。

這個新、舊世界之間的過渡，怎麼處理都是件大麻煩事。就具體現象而言，例如，工作及家庭之間怎麼平衡的問題。如今的中國有越來越多的獨生子女，做孩子的時候，集父母、祖父母和外祖父母六個人的寵愛於一身，容易養成以自我為中心的習慣。而今天，社會忽然一下擴大到以國家為中心，甚至擴大到全世界的活動——全世界人民的生活、觀念都拉扯在一起。於是，你會感到困惑和迷茫——我在哪裏？我曾經是世界的中心，怎麼現在我連世界的邊緣都夠不著？我變成世界上的一個小點，我的行為受大環境的影響太大，而我本身對大環境卻產生不了什麼影響。

在我當年的工作單位，同事之間可以聊聊天、喝喝茶，感覺大家之間的關係很緊密。但現在的時代不同了，旁邊的同事可能忽然出差了，或者一下被調到別處去了；也有可能一個人在辦公室加班到晚上，才有時間和另一半打個電話，現在的辦公室是散開來的。這種局面讓人感覺迷茫。不只是職場人士，還沒有進入職場的年輕人，可能更會有這種迷茫的感覺。在學校裏邊他們有一個很安定的小圈子，有同學，有朋友，感到很舒服。一旦進入職場他們就容易膽怯，不知道將來的人生會怎樣。這種內心的膽怯，也會使人感到迷茫。

這種解釋比較抽象，但我認為不是你們個人在改變，而是世界在改變。現在，個人很難説：「讓我們來改變世界。」所以，我們只好盡量接受現實，哪怕現實是如此一般。拿我們正在面臨的疫情舉例，在過去，可能只有個別人生病，可現在疫情一發生，全世界的人要一起面對。我們日常隨意出入的地方，可能就被封閉起來了。被封城的人是怎樣度過的？這種經歷對他們而言，是惶然無措的。各位現在不能出國，不能回家，或者被限定在某個城市不能到其他地方去，也會感到茫然失措。這種感覺我完全理解，因為我是一個九十多歲的人，也不適應 21 世紀目前的社會現狀，我也感覺迷茫。但是我同情各位，理解各位。

10

冷漠年代，如何重建人與人之間的關係？

面對內心迷茫這件事情，我覺得關鍵在於我們是怎麼想的。我有兩個建議，第一個建議是可以自己經營一個小的朋友圈。我們不會一整天二十四小時都在辦公，我們還可以珍惜剩下的時間。一部分時間留給自己，一部分時間留給最親密的人。不要只是躲在角落裏，自己休息，自己玩耍，我們需要跟人接觸，需要跟人聊天。去經營自己的小圈子，尤其是真心地認識一兩個可以談心的朋友，可以互相分享自己的心事，共擔苦難、共享快樂，這是第一個建議。

你不要忘了，你是許多人中的一個。盼望別人給你關心，你首先就要關心別人。即使是在冷漠的、人員快速流轉的辦公室，你的臉上也要常帶笑容；出去端杯水，走過路邊，跟同事輕輕打個招呼，笑一笑。每個人都這樣的話，你會感覺溫暖一點。

部門會議上，你的上司和同事在商議如何處理公司事務。這個時候雖然是辦公時間，但你也可以把這個團隊看作一個共同作戰的班級，或者一個共同出行的旅行團，或者一個遊戲中的小隊伍。這種人跟人之間的關係以你為起點，你可以用心經營出一個新的小環境。這個小環境的建立，對你身心都能有撫慰、有安慰。同時，周圍的這些朋友，在你碰到困難的時候，也會有人勸解你，有人安撫你。你將你的困難告訴他，他也把他的困難傾訴給你，這樣你們能夠一起擔當、面對。這種小環境裏面的互相信任和體貼，代替了從前小區內部的溫暖，代替了村子內部的溫暖，代替了親友之間的溫暖。你可能不方便回家，但沒關係，你的四周有一個個小圈子。小圈子不必重疊，不同的關係可以有小的、不同的圈子。

同時，對於我們個人來說，還需要面對現實，這是第二個建議。你有了小圈子以後，對大環境要有一定的認識。也就是說，你面對世界的不斷改變，要理解它是如何改變的，改變的方向是往哪裏走。能預料它會發生什麼，你就不會惶恐。如此，我們心裏最大的變化是接受了種種不確定性，並準備好了與其共存。即使發生了更為劇烈的變動，比如世界被疫情搞得天翻地覆，我們也同樣可以冷靜應對，沉著處理。

這個時代，人與人之間的關係淡漠了。重建人際關係，我想對大家都有好處。這是我對各位的勸告。

11

在快速變動的世界，你們是第一批被捲入大浪潮的人

我盼望你們理解，現在的世界已經進入快速變動的時期。世界開始加速改變，你們可能是第一批被捲入大浪潮的人。你們是新時代的開路人，我是趕不上了。在混亂的變化、動蕩的時代中，我建議大家保持閱讀的習慣。今天的雜誌和書本有一個好處，就是網上可以查得到，你都不用去圖書館。有空的時候可以看半個小時，沒空的時候看五分鐘、十分鐘也好。我到現在依然保持看報的習慣，這使我能理解周圍環境和世界的變化。網絡給我帶來太大的方便，世界上發生了什麼事情，經由網絡檢索一下子就能找到信息，甚至找到答案。這在過去是不可想像的。

自己的眼界放得開，注意力放得開，對四周的環境多了解，對我們自己只有好處，沒有壞處。要想了解叢林，就得走入叢林。剛開始你可能步步小心，因為你怕哪裏會踩空，你怕哪根樹枝掉下來，你怕忽然跑出隻野生動物來，你也不知道即將面臨的是善意還是惡意。人生是個大

叢林，世界也是個大叢林。我們可以看著叢林，防備它，但也可以享受它。叢林裏面有非常美好的地方，也有天天改變的情況。有些改變讓我們感到舒服，比如生活上的舒適；但有些改變，比如當前時代快速的變化，可能會讓我們感到不舒服。如此種種「未知」既可能是危險，也可能是挑戰——挑戰本身就是一件令人興奮的事情。

12

世界這麼大，「國家」不是最大

世界這麼大，我希望大家心裏、眼裏存著全球社會（global society），不要把「國家」當成最大的。我們最後的據點、最後的歸屬是人類，這個大的世界是屬我們所有人的。我們不要常常爾虞我詐，不要相信狹隘的民族主義，要擺脫觀念上的限制。其實，從行動上我們老早就擺脫了。我們不再只是村落裏面的人，不再只是社區裏面的人，也不再只是城市裏面的人。但我們還是歸屬於一個國家的人，還是歸屬於某個民族的人。

所謂突破這層界限，不是讓你離開國家，國家是我們必須歸屬的，民族身份是我們無可否認的。但至少我們能把心胸放開，對其他國家的人，對其他地區、其他種族的人，能夠長存寬容之心，長存同胞之心──「同胞」是指我們都是人類的一分子。我們共同擁有、享有地球上的一切，我們共同承受這個地球上的災難。大家之間一定會有這件事、那件事擺不平的時候，但由此而產生的那些衝突，可以經由溝通、協商來慢慢化解。不要讓仇恨蒙蔽了我們的雙眼，也不要將仇恨永遠放在心上。

我是個中國人，我也愛中國，但我總覺得中國還應該朝著更好的方向，做出更好的改變。讓我們付出更多努力，一步步去實現這種願望。同樣，在我們所處的世界，我們還有共同努力的方向，還有共同前進的道路。

13

未來人類世界一體化，是一定會發生的

未來人類世界一體化，是一定會發生的。唯一需要擔心的是，這個過程中會不會發生戰爭。我們當然希望不要發生戰爭，但這是要依靠我們的智慧來實現的。擁有處理這種局面的智慧，其前提是我們要了解自己，了解我們都是世界共同體中的一員。我們該如何共同阻止戰爭，消弭戰爭的陰影，這是很重大的事情。只有回頭看，理解人類過去所經歷的軌跡和人類在過去戰爭中給彼此造成的痛苦，才能有對戰爭的反省和消弭戰爭的覺悟。

我也談談我的個人經歷。戰爭會給人造成很大的痛苦，對人的心理有極大的影響。我如果沒有經歷過第二次世界大戰（後文簡稱「二戰」）的艱難，就不會有今天的眼光和態度。世界大局能不能合而為一？這是必須的，也是不可避免的。但是，我們並沒有為此做好心理準備。世界從四百多年前開始進入近代，兩百多年前開始進入現代，一百多年前開

始加速現代化。這種全球一體化的進程，一直在進行之中。現在的變化更是把各個地方的人的關係拉得很近，「天涯若比鄰」，近到誰都躲不開誰的地步。

這一段人類歷史的發展過程中，我們面臨的矛盾很明顯——白人社會以及白人國家扮演重要的角色，因為他們的開拓性強。他們的民族過去的歷史，使得他們發展成為開拓型、侵略型的民族。所以，這一硬性拼湊的暴力組合，缺少「天下國家」的氣度和包容性。

我們中國有這種意識。基督教原本也有這種意識，但基督教又有缺陷，它對上帝的信徒和非上帝信徒進行了嚴格的劃分。傳統中國其實是一個文化共同體，具有超越民族的包容性。在「天下國家」的概念裏，不同國家的人之間是無界限的。雖然古代有中夏和夷狄的區分，但最終目的都是建設大同世界：先自己修身，然後才有能力照顧別人，進而照顧到整個地球上的族群。

我們要修己以安人、安民。安人與安民是不太一樣的觀念，安人是安頓個別的人，安民則是「安百姓」。「百姓」是種族的事情、族群的事情。姓是族群的標記，所有的族群都因「我」而安頓，大同世界的理想就達成了。這種「天下國家」的意識，不同於「天下主人」的意識，乃是中國文化體特有的觀念。我希望我們有將這種意識推向世界的責任感；我希望用這種意識消弭民族間的界限，消弭民族間的仇恨；我希望基督教徒理解，天下是我們共同生存的地球——地球就是一個孤懸在太空的「大飛船」，我們都是這艘「大飛船」上的乘客。

人類共有這個社會，我們必須在一起好好生活，好好相處。這是我們正在走向的共同世界。當然，要實現這個理想有先決條件。我們不僅要盼望著這一天早日到來，我更要鼓勵、呼籲大家為這一天早日到來而共同努力。我們要讓世界知道，中國就有這樣的「天下國家」意識。有了「天下國家」意識的人，就不會像特朗普那樣，聲稱如果不聽我的話就一定要毀掉你。「天下國家」的意識是「容納」，而不是「征服」。

我們中國人在今天有個奇怪的現象。一方面，我們背了將近兩百年的恥辱和仇恨，使得我們有很強的民族觀；另一方面，我們的歷史給了我們認識世界的「天下國家」觀念。我們是深受民族主義影響的一群人，我們一旦知道並接受了「天下國家」的觀念，或許就可以消弭民族之間的界限，這是我們要做的事情。

14

新科技時代，需要超越性思考

對於世界科技化的事情，我既歡迎又擔心。科學技術發展到今天，幾乎已經把自然擺在了配角的地位。過去農業生產的食物是自然生長的，但現在農業也變成科技農業了。很快我們可能做到這個地步：不經過土地，不需要天然的水、空氣，我們可以在外層空間上開闢一片農場，在那裏種植一些科研食物帶回來食用。這種情況可能很快就會成為現實。我們的食物可以說是化學元素的集合，這些化學元素合在一起，構成了人體所需要的營養物質，也是構成人體的基本成分。

現在科技化的速度，快得令人吃驚。現在已經不是牛頓時代的科學，那個時代人家的慾望是有限的；也不是愛因斯坦相對論的時代；今天是量子論的時代。量子論的世界是無窮的世界重重疊疊，從大到小重疊在一起，疊合的方向、方式、層次都不一樣。我們身體裏面有無數小宇宙，我們身體外面有一層層、一道道的大宇宙。可能我們與別人是套疊在一起的，只是我們不知道；也有可能我們與別人重合在一起，只是我們不知道；甚至我們可能被一個更大的宇宙包裹，在裏面被當作營養物質消化，我們也不知道而已。

在這種新科技世界裏，新的宇宙觀將在很多方面影響我們。各位這一代，需要想一些問題——科技對於人類是怎樣的存在？我們如何超越思考，理解宇宙？我們已經選擇了繼續前進的方向，但這個方向是不是需要經過自我約束和有益的主觀經營，從而使得我們不是被科技帶著走，而是我們帶動科技？近幾十年來，信息科學及生命科學的發展，讓人類的結合以信息流轉的形式進行，我們的生活方式完全改變。我們想做信息的主人，想掌握信息，但我們常常被信息淹沒。我們要理解、懂得自己，但懂得自己以後，發現我們不過是一大堆細胞而已。我們能不能在無數細胞中認定自己，並且重建自信？這些都是極抽象的問題，必須超越式地去思考，才能讓我們不迷茫。

15

科技越發展，越需要肯定人類本身的意義

各位今天對科技的懼怕，可能部分來源於可以替代人力勞動的人工智能。可能有一天，我們不再用農田，而是用實驗室來生產食物。這很有可能發生。但是這樣一來，人類是不是都被化簡為零，化簡到我們所謂的「黑洞」？這是我們必須擔心的事。我們並不能減緩科技發展的速度，也不能改變科技發展的方向。可如今科技發展的方向是求利，這利就是商業利益，這是不好的。試問我們今天的信息科學，哪一個重大的發明，不是在求更多利潤的目標驅使之下產生的？有了新的發明就有複製，得到新的觀念就有求利之心⋯⋯這與當年早期科學求真的方向是不一樣的。這能矯正過來嗎？可以矯正，這是人的理念和慾望的問題，你我有責任幫助矯正。所以，在科技浪潮排山倒海而來、世界完全改變的時候，我們要尋找自己的理性。我們要理解自己可以做到哪裏，應當做到哪裏。

我們應該做的是，將中國人「天下國家」的世界觀推廣到全世界，讓人類共享；在科技發展方面，我們要把科技這匹脱繮之馬控制在繮繩之內，使它為了人類的福祉而存在；更重要的是肯定人類本身的意義，人類不能成為被奴役的一方。若我們的圖利之心壓倒了求知之心，科技發展的速度壓倒了我們的存在，這就會變成非常可怕的現象。我們要警覺，早早注意到並思考怎樣改變這個危機。濁浪排空而來之時，保持理性和做人的溫馨，用人的溫馨和理性找出一套處世立命之道。

人類的科技文明從最早的實用生產工具一步步提升到今天，人工智能要替代我們的智力。龐大的、快速運轉的電腦可以比我們幾千人加在一起的運轉速度總和還要快。給它再複雜的問題，它也可以解決。

從另一方面看，機器處理枯燥的、呆板的資料，一點問題都沒有，但必須由人「餵」資料、「餵」問題，機器才能思考。最終決定龐大的人工智能如何運轉的，是人類每天「餵」的內容。終究，人類掌握著大部分的主動權。

我們應該在這個時候，在有這麼多的工具給我們使用的時候，提出一些新的問題。

比如我們可以問機器：「假如一切條件不變，我們這個社會可以維持多久？」

我想很快它就會回答説：「就快到盡頭了。」

如果問它：「需要什麼樣的新因素才能挽救命運？」

它大概會回答你：「需要找到新的空間、新的思想方式，找到彈性，找到變化。」

但是，只有掌握變化的來源、速度及變化本身，我們才能掌握變化。機器只能遵從、追隨變化，而我們可以掌握變化，進而超越變化。

在這個過程中，我們可以與機器合作。我們終於學到了這一點智慧。我想，我們還是可以不斷地使用今日科技的長處，來彌補人類智力的不足。注意，智力和智慧，我是將它們分開的：智力是你運算題目的能力，智慧是你預見後果的能力，二者並不一樣。

不要丟掉智慧，增加自己的能力，這也許會使科技發展給人類本身精神境界的提升和演化帶來相當大的幫助。我盼望著，物理學家中能出現更多的哲學家。

16

不要糟蹋自己，
不要屈服於這個世界

各位的身體裏都有一個自己，這個自己是最寶貴的東西。在你二三十歲的時候，要尋找自我，不要糟蹋它。第一，不要被慾望糟蹋；第二，不要被自憐糟蹋。

第一，慾望是最可怕的。若你被貪財的慾望、性愛的慾望、控制的慾望糟蹋，你就會被毀掉，你就不是你了，要留住這一份清白。第二，不要自憐，不要說你太渺小。一個人是渺小的，但許多人在一起相處、相識、相濡，還是可以得到安慰的。人的共同力量是無窮大的，人類能夠同心合力做很多事情。今天的世界是無數代人共同鑄造的，我們還要不斷地塑造新的世界觀、新的宇宙觀和新的人生觀。

保持一份清明，保持良心的獨立性，保持慈悲和平的心和自重自敬的心。孔子將這道理歸納得很簡單明瞭——人內外都應忠和恕。所以，重視你自己，面對滔天大浪的時候，要冷靜，要有信心；帶著團隊

一起互相交流，互相分享，互相分擔。

各位還年輕，你們要活到我這歲數還有很多年，也有可能活得比我還長。

說實話，這麼長時間要活過來是相當辛苦的，但是我不能回頭，我也不需要回頭。我一路辛苦過來，保持了自己的存在，從來沒想過糟蹋自己，也沒有屈服於這個世界。我的自己有一半由我掌握——我的心態、我的意向、我的人格和我做人的道理。你要理解，你是完整的人，不是兒童。這一輩子，「完整的人」這四個字是你的責任。保持你的完整，不屈服、不腐化、不猥瑣。你是頂天立地的人，世界因你的存在而改變，因你的不在而缺憾。

第三章

歸結到內心，人要對自己負責

《雙燕》，水墨設色紙本，69cm × 138cm

每個人都有抓不到的雲，都有做不到的夢。

17

每個人都有抓不到的雲，做不到的夢

疫情期間的隔離，是給大家一個機會，想想自己，想想別人，想想我們依靠別人幫了多少忙，我們多懷念大家協同合作、自由來往的那些日子，我們盼望疫情早點過去。因為有此珍惜，有此愛護，我們又在一起的時候人和人之間的關係就會更加真誠，從而互相產生更有實質的影響。

那麼你也嘗試著回頭想想，你是不是真正合理地做了一些你該做的事情？你自己有沒有過分貪婪、過分霸道、過分要求，而忽略了別人，踩到了別人的腳，傷到了別人的心，辜負了別人的好意？這都是我們「往裏走，安頓自己」的時候，需要反思的問題。

安頓自己更要緊的是，在慾望達不到的時候，你必須知道：人不可能所有慾望都達到，每個人都有抓不到的雲，都有做不到的夢。你要理解：抓不到的雲，讓它飄走吧；做不到的夢，有機會再做也好，沒機會再做，你還可以做別的夢。

你必須掌握自己，自己才是存在的主體，而不是跟隨潮流去變化，也不需要跟著人家的意見變化。拿個梯子是直著走還是橫著走，要有自己的判斷。就像那個「父子騎驢」的寓言，是父親騎還是兒子騎？是兩人一起騎還是兩人牽著驢？什麼都聽別人的意見，這種人不能安頓自己。要先找到自己，找到真正的問題所在，才能往裏走，安頓自己。

18

我這一輩子的頓悟，很多是機緣

頓悟與漸悟其實是一回事。有些刺激，偶然之間碰到了機關，忽然開了一扇門，使你理解了一個常會困擾你的問題，忽然使你警覺到一種特殊的精神狀態。我這一輩子的頓悟，很多是機緣。

抗日戰爭逃難的時候，朝不謀夕，下一步會到哪裏不知道，下一站有沒有飯吃也不知道。我看見了周圍的苦難，也看見了周圍人與人之間在盡力互相幫助。不認識的人在必要時幫把手，扶著我過去。並肩跑了一段路的人告訴我們「小心前面有坑」，過來把我拉住，讓我別掉到坑裏面去了。日本飛機在天上盤旋、機關槍掃射子彈的時候，旁邊的人一把拉住我，趴在地上，他看我是小孩，就趴在我背上，替我擋子彈……這種情形，讓我覺得人類的精神真偉大！

我有過頓悟的經驗。那時候逃難到大巴山的一個高峰頂上，天風獵獵，四周都是黑黢黢的山坡、山頂的輪廓，只有遙遠的西方，一縷陽光在那裏射下。那個時候，不只我，整個山頂上的挑伕、逃難的人都被驚住了，懾住了——在大自然面前，人會感到自己有多渺小！

1957 年，到美國留學，我是坐貨輪從海上去的。我的父親是海軍出身，他很早就告訴我，海面最平靜的時候要小心。海面平靜，同時能聞到一種澀澀的味道的時候，要特別小心，因為這預示著極大的風暴馬上要來。海面平靜的時刻是短暫的，它正好是個間隙——風暴的前驅已經過去，後面大量的風暴和大幅度的顛簸馬上就會到來。海面什麼時候最好？不斷湧起白色的小浪花，這是最好的海面：雖然平靜但總是有些小變化，下面的翻到上面來，上面的翻下去，總是一直向前流動著。

這些經歷都給我一個刺激，讓我理解人生的各種情況，有時候忽然啟發我，給了我一個一直在想的問題的答案。

雖然已經九十多歲了，但我的思想還沒有定型。我隨時準備面對新的問題，隨時準備用新的思考方式去處理它。我不會總是用同一套思考方式處理過去一直面臨的問題，我會嘗試新的角度，每天學一些新的東西，每天對過去的思考方式產生一些質疑，這是我養成的習慣。我們做學術研究的人，永遠不會認為自己到了終點站。前面永遠還有更長的路、更遠的途徑、更複雜的問題，等待著我們。

19

我對自己的期許，是盡力而為之

我覺得是不是精英不要緊。精英不是自己封的，精英是做出來的，然後人家稱你為「精英」。我們不一定要想天將降大任於我，而是我降我的責任於我，讓我做一個盡力而為之的人。我對自己的期許是盡力而為之，別人怎麼樣，我管不著了。我不能控制別人的評價，批評、責罵我都不管。我一輩子被誤解、被責備，最近由於工作原因經常露面，有人說：「許某人啊，好出風頭。」我一個九十多歲的人出風頭幹嗎？我是「盡其在我」之責，不是盡天降的責任。

「盡其在我」，就是將我剩下的一點點經驗傳給別人。因為別人很少有類似的經歷，包括身體上的痛苦，但這種困難讓我對人生產生了一定的態度和看法。其中有一點要特別提出來的是，我這樣做不是為了對上天負責任，也不是為了對社會負責任，只是對我自己負責任。該做的做，該說的說，別人怎麼想、怎麼批評，我都不在乎，我盡力而為之，求良心之所安。你能在職位上做到盡力為之就夠了，無須追求頂天立地，更無須追求被人家封為精英。如果自己沒做到，那麼是自己能力沒有完全發揮呢，還是自己沒有好好想怎麼做這件事？總之，我盡力而為之。

身體的反應和心靈的反應是很奇妙的。心靈的反應就像磨刀，越磨越利，越做越順，身體的情形也是如此。實際上，我已經癱瘓了，不能走路，也不能站立。但是，最近經過針灸以後，我的痛感有所緩解。半年以來，昨天晚上我第一次發現自己的大腳指頭可以動了，這對我而言是一個大發現。別人可能覺得這是件無聊小事，但對一個癱瘓之人而言，一個大腳指頭能動是一件了不起的事。我還發現我的腳可以左右擺動了，這也是了不起的事。這離不開我太太對我的悉心照護，我告訴曼麗[1]：「愛，如此神奇！」

所以，你不要管別人的期望，也不要期盼有一天天降百萬財富給你。降給你一個樂趣，降給你心安，這是上天給你的最好的禮物。

---

[1] 許太太孫曼麗。

20

面對人生困苦，要感恩，不要抱怨

我向來不喜歡訴苦，不過現在不是訴苦，我是將自己所經歷的時代解釋給大家聽。我的困難從出生就開始了，我是生為殘疾，長於憂患，後來背井離鄉，現在病殘到這個地步，基本上已經是癱瘓之人。我依靠著我的病床和病床上的那些設備，包括電動的吊兜——可以把我從床上吊到椅子上，再從椅子上吊到床上。椅子是個電動輪椅，讓我可以自由移動。醫院替我在家裏佈置這個病房，每個禮拜會派醫護人員來了解我的情況。所以我是一個待走之人，待走以前，他們想要照顧好我。

從開頭講起。我是雙胞胎之一，還是早產兒，生產的時候先母又生了一場病，由於雙胞胎的養分為兩個人共有，養料完全不夠。我處在比較下面的位置，所以我是哥哥。在下面位置的胎兒只能吸收上面胎兒用剩的養料，於是我的肌肉就沒有足夠的營養。在該發展肌肉時，我的肌肉沒有成長的機會。這使我在六個多月大的時候就提前出生了，我的關節和骨頭被肌肉絆住不能成長，但成長過程中養料轉換成骨質，所以機能都在，扭曲的骨頭長得非常結實，只是位置不對。扭曲的骨質在脊椎裏不斷增長，就會壓迫神經。所以我是高度殘疾之人，出生時能活下來就已經不容易了。幸虧當時教會醫生知道用現代的醫學知識，把我放在育嬰箱撫育。醫生告訴我，七八歲以前不會動刀，七八歲以後想辦法開刀。七八歲以後，抗日戰爭全面爆發，逃命都來不及，還開刀嗎？所以從那時開始一直拖，在二十八歲的時候才開了五次刀，把兩隻腳矯正過來，可也不過是矯正到可以走路而已。那時我在芝加哥大學[1]讀學位，前兩個學期上課，第三個學期開刀。那段日子並不好過，可我熬過來了。九年前，我又開了兩次刀，把脊椎骨重新整頓。到了現在，我的脊椎骨再一次不聽話了，這次的結果是幾乎癱瘓——我不能站了。

我在殘疾之中過了一輩子，說不幸也不幸，說幸運也幸運。幸運的是在廈門傳教士基督醫院出生，他們用當時最進步的知識和醫術，讓我活著，我的一條命沒丟掉。更幸運的是，父母並沒有因為我殘疾而不疼我，我們弟兄兩個，父母都當寶貝一樣愛著。我的兄弟姐妹對我也很愛護，我的雙胞胎弟弟等於是我的手腳，是我的眼睛。他出去跑一圈回來告訴我，那邊樹上有麻雀在吃小蟲子。外面小孩子在吵，他就跑過來說：「外面好熱鬧，我們出去看看。」他就抱我出去，我們一起看看熱鬧，諸如此類。再到後來，他上學，我不上學，他放學回來就告訴我，他在學校看了什麼、學了什麼。

這都是我一輩子感激的事情，但我必須自立，要慢慢學著怎麼樣才能不被抱、不被餵，學習自己吃飯、自己挪動。抗日戰爭期間沒有工

[1] 許先生於 1957 年赴芝加哥大學東方研究所攻讀博士學位，1962 年畢業，獲人文科學哲學博士學位。

具，我坐在小竹凳上，自己往前拉，半寸半寸地挪。再後來慢慢就學習站起來，每一道關口掙扎過去。母親含著眼淚，靜靜地在旁邊看；兄弟姐妹盡他們的力量幫忙。可我不要幫忙，自己掙扎著來。母親看到我學著站起來的時候，在旁邊真是提心吊膽，隨時準備扶。但是她忍住不扶，讓我掙扎過去。

到後來我長大以後，同學和朋友對我很愛護，沒有人欺負我，都在幫助我，這也是我的幸運。學習的時候，老師給我特殊照顧。我沒有讀過初中，剛開始就讀高一。高一的時候我有很多科目落後，因為這些初中的科目在家裏是無法自修的。而我的學校輔仁中學給我優待，讓我第一學期先試讀，通過試讀考試後再正式入學。我第一次月考就通過了試讀考試。在輔仁中學，一路讀上來同學們都很愛護我，願意幫我的忙。特別是有個小班，最後幾名的同學跟我一樣，放學以後再學習一個半到兩個小時，由功課最好的同學輔導，溫習當天的功課，彌補我的不足。大家互相幫忙，一起溫習，形成了一個很好的學習氛圍，每個人都把自己學到的、理解的知識輸送給別人。我相信我那個班是輔仁中學相處最和諧的一個班，也是後來進入學術界人數最多的一個班。這些都是我的幸運。後來我到大學，到研究所，幫助我的人無處不在。在芝加哥，醫院免費替我開刀，一分錢不收。這一輩子，我雖然殘缺，但是得到了特別多的恩惠和保護，也感受到了特別多的溫暖。這使我能夠撐到今天，所以我感恩，我不抱怨。

我生於憂患。抗日戰爭全面爆發後，每個人都在逃難。我還算運氣好的，因為我父親的職位是前線的最後一關、後方的第一道。他從武職轉文職，在戰區幫助那裏的組織單位，支持前線的後勤工作，包括供應糧食和服裝，以及發動民團的支持。我們一直待在前線附近，經常要逃難。日本人過來了，我們近則在湖北的幾個縣流轉，遠則逃到四川去，進川、出川，我們挪了好多次，見證了無數災害，看見了無數人的死亡。

我那時八九歲。在萬縣的那半年，半個縣城被炸掉。出了屋子，我看到地上一片光亮，房子被燒光了、炸平了。晚上不能睡，大家都籠罩在戰爭和死亡的陰影裏，你們能夠想像嗎？逃難路上，幾百人擠一條船，但是到了生命都在刀尖上的時候，我們的同胞都讓老人和小孩先上船，壯漢留在後面幫忙把別人家的孩子、婦人送上船去，最後他們拿著槍上船。擠不上大船的人就坐小船，跟著大船划，希望可以與親人在岸上再見。

沒經歷過的人很難想像災難的可怕，以及那種吃不飽的饑餓感。當時，上百個傷兵被運過來躺在村子的曬穀場上，第一天聽到他們在呻吟，第二天聲音變小了，第三天聲音沒了——人都死光了。治療他們的軍醫，沒有藥，沒有工具，活活地截下腿來，但傷兵的命還是丟了；活人就靠高粱酒止痛，洗傷口，這多麼痛苦！整個村莊的人都在逃難的路上，老人走不動了，和年輕人說：「你們走，你們走！留個種！」生產糧食的地方被日本人佔領了，戰火燃燒，饑荒蔓延。我父親為了解決軍民的糧食，在山崖水畔的地方，吩咐保長、當地的父老鄉親盡量種番薯。於是，在山崖水畔的地方種滿了番薯，幾十萬的難民和村莊的幾千人都有了食物保障。這種日子我們熬過來了。

我二哥十三歲就開始徒步行軍，與同齡的孩子一起走幾百里路到安全的地方去上學。他們自己種田，自己養活自己，自己紮草鞋、縫補衣服。

這種災難、這種憂患，各位在今天這種安全的環境，在小康社會不能想像，但我們熬過去了。抗日戰爭勝利後，以為一切都好了，可是緊接著內戰開始了，我們去了臺灣。以我父親的職位，本來能拿很高的薪水，但他已經退休了。那時我們一貧如洗，一分錢沒帶到臺灣去。當時在學校裏邊，下午四點鐘大家下課就趕快吃飯，能夠搶到一碗飯是運氣。有的人真的吃了一碗飯，吃得最快的人可以盛到兩碗飯。油、鹽不夠，白水煮豆芽就是一道菜。早餐是一勺花生十三粒——一碗稀飯，裏面有十三粒花生米。我們就是這麼長大的。

到美國後，我們是外國人，從學習語言開始，要適應這個環境也是不容易的。即使適應了，我們也始終是外人。很多人過不去，很多人因此性情改變。但我們這一代人大多數熬過去了，性情改變得不多。我們也熬過來了，我們兄弟姐妹八個人都順利地熬過來了。我們今天再回憶當年吃的苦，覺得是福氣，如果沒有那些苦難，我們不可能變得這麼堅韌、這麼強悍，不可能熬得住，不可能咬著牙撐過去。我想，當時在國內的那批青年也是一樣，他們跟我同齡，他們跟我一樣熬過了許多苦難。你們可以敬佩他們，因為他們受的苦不比我少。這種苦難鑄造了我們的人格。

至於讀書，我們從沒有書本的抗日戰爭期間，到在美國讀不認識字的書。那時沒有書本，大家就靠互相傳抄，學費就是靠公費、獎學金。生活費不夠，自己打工賺。到臺灣，缺書、缺設備，我們一樣熬過來了。到大學，也是同學之間互相幫助，一本書我們大家輪流抄，大家共享。

這些困難熬過來了，我們並不驕傲，我們也並不畏縮，這是對我們的考驗。我們感謝有這種經歷，居然讓我們熬過去了。有些人熬不過去，倒下了、病了、死了，我哀悼當年那些沒有渡過難關的朋友；也有些人性情改變，乖戾了，偏激了，我對他們感到同情。因為不是他們願意做出這些改變的，是環境太惡劣、條件太差導致的。

現在我九十多歲了，老病傷殘，實際上我的醫生屬老年病科，就是在有限的時間安慰你，讓你不痛苦。我前一陣神經痛，痛得不能坐，每天只能下床一個多鐘頭，既不能坐又不能站，幸虧有針灸。我的兒媳婦學針灸，我的神經痛被她緩解了。我感謝我的兒子、兒媳婦能夠幫我做這件事。我最感激的是我的太太，她無悔無棄，任勞任怨。因為我，她有了無窮的煩惱、無窮的憂患。半夜，她還要起來看看我是否睡得安穩。

上天給了我那麼多的恩惠，讓我活下去，讓我渡過人生的難關。我必須盡力活下去，回饋世界，讓大家理解一個憂患中艱難困苦的殘疾人是怎麼過來的，沒有畏縮，也沒有放棄。我願意在離開這世界以前，盡一份該盡的力——做一天和尚，撞一天鐘；做一天教員，跟大家談一次話。

21

知識從哪裏來？要讀世界這部大書

有人問我的知識從哪裏來，其實就是不斷地吸收。我從來不放棄吸收知識的機會，我始終把周圍的環境當作我的書。我離開臺灣到美國留學的時候，有一位美國教授在臺灣訪問，他說：「你不要單單讀圖書館的書，你也不要單單讀教授指定的功課，你要讀美國這本大書，這本大書正在一頁頁地翻過去。」我最近寫了一本書，談六十年來我所看見的美國，報告讀美國這本大書以後的理解[1]。我上街，我的太太開車，我坐在旁邊。街上一靜一動，我把看見的事情都在腦海裏過了一遍，我在注意四周呈現的種種現象——今天的城市如何了？今天的人如何了？美國的問題在哪裏？無時無刻，我不在讀人、讀社會、讀世界。

當然，我經常讀書，我每天看報紙和週刊。獲取書太方便了，可以

---

[1]《許倬雲説美國：一個不斷變化的現代西方文明》，上海三聯書店，2020 年 7 月。

買電子書，也可以從圖書館調書，還可以在學校裏查期刊、查數據，不需要像以前在書架裏一點點去找。利用網絡、電腦使讀書變得方便，這是以前從來沒有過的幸福，你隨手一點書就出來了，還可以幫你檢索。我非常感謝！

所以，如果我在今天九十多歲時離開這個世界，我不遺憾。我離開世界時，會想：我盡力了，現在熄燈號吹響，我睡覺去了。熄燈號吹響以前，我盡量「值夜」。今天跟各位談話也是我「值夜」的任務。萬一以後不再有這樣的談話，希望各位原諒！

近二十年來我的一本本書都是口述筆錄的，包括《萬古江河》，包括我講述過去六十多年來的美國（《許倬雲説美國》），等等。我的《中國文化的精神》一書也是口述筆錄，我希望各位看看——這本書的內容是幫助大家理解：中國人精神部分的營養，是瀰漫於日常生活的方方面面的。不但在書本上，在生活的各個方面，中國文化都向我們灌輸著中國人的世界觀。我希望大家可以看一看這本書，希望大家有共同的課題，一起思考。

22

歸結到內心，人要對自己負責

中國群體的一些特質，可以彌補現在個體流動和社會疏離帶來的一些問題。有一點我要特別強調：中國的群體有著不同的層次。從家族、鄰里、鄉黨逐步上升到地區，最後到國家和天下，大家都在這個大群體內，各佔層面，共同存在。分層次的群體，不同於「國家」獨霸式地籠罩在內部各個層面的群體之上。

二戰以前，最大的危機就是以國家為單位的國家主義，國家是終極的、最有權力且最合理的大群體，但這個想法是不完全對的。在一個國家之內，國家也應該容忍許多不同群體自己結合，必須容忍個體跟群體之間不同層次的互相對應和回報——人從群體裏得到庇護、幫助和溫暖，再以更多的幫助和溫暖回饋這個群體。人對群體做到了尊重，也盡了自己的義務，這才是能互相對應的個體和群體之間的關係。不同的群體對應著不同的權利和義務。

最後，歸結到內心，人要對自己負責。與基督教和伊斯蘭教不一樣，中國文化最有特色的是不以神作為一切智慧、理想和文明的來源。人是由自己創造的。人就是天地之中心，人間的智慧，才能讓人結合起來。每個人內心的思想和情感，要不斷提升到一定的高度，像磨刀一樣，把自己的內心磨得更光亮、更乾淨。人的內心修養不僅能使自己得到好處，也能從個人輻射到社會其他部分，讓別人也因此得到益處。

見賢而思齊，我們看見好人和合理的行為就去學；見到錯誤的行為，每個人都拿來當鏡子照，時時刻刻捕捉和矯正自己。我們一直在修整、提升、精煉、蛻化，使得個人變得更好，這樣個人所屬的群體也會變好。個人所屬的群體變好，就會使個人不寂寞、有安慰、有交流，使個人得到有營養的滋潤，這可以解決現在個體化的問題。

美國的個體化是從白人社會中出現的，雅利安人的社會基本上是個人主義的。基督教在個人之上加了一個上帝。不然，個人主義以利為主，並不以理想為主。在中國文化中，利的部分可以轉變為理想。

西方的思想與中國的思想一個很大的差別在於，西方思想總是認為人類社會的發展有一個終點站，這個終點站就是理想的實現，就是理想國或烏托邦。中國人不這樣認為。中國人認為事物永遠有改進的餘地，世界在不斷變化，變化的緣故既有外力的刺激，也有內力成長的刺激，還包括互動作用的刺激——個人與個人之間互相學習、模仿、抵消和矯正，群體與個人之間互相矯正，群體與群體之間互相矯正，這是一個非常複雜的網狀結構。這個網狀結構叫「Network」，「Network」本身是永遠在變化的。

中國人的精神中最要緊的是變化。《易經》就是講變化，唯一不變的就是「變化」這兩個字。這個觀念再加上群體之間不斷地協調和調整，就可以抵消個人主義高漲、國家慢慢萎縮後被人利用，以及沒有權力的人無法對抗國家機器這些現象；也可以抵消仰仗著科技，生產工作和管理工作一步步付諸自動化和更多輔具等現象。

這些自動化輔具造出來之後，是人工智能管理我們，而不是我們去管理人工智能。我們人類被自己創造的大型人工智能所捆綁：今天，我們的大型人工智能，藉助網絡信息的流通，已經可以在無人操控的情況下，知道我們每天生活的情形，可以支配我們的賬單，支配我們的交通，支配我們的日常生活，乃至家裏的溫度。

我強調的中華文化的特色，一個是群己之間的關係，一個是不斷提升自己的責任——在提升自己之外，還要幫助他人提升。現在，全球互相「interlock」(緊密連接)，形成互相協調、互相結合的複雜群體結構，這裏面有獨立的部分，也有聯合的部分。聯合起來就是全球的人類總體；分開來就是一塊塊的小群體，大到國際組織，小到家庭和朋友圈，都是被套連在一起的。

因為有這種套連關係，沒有人能真正完全獨立。不同單位之間彼此互動、拉扯和刺激，都會產生新的能量。這個能量就是人類社會一直在改變、提升，追求更加協調狀態的動力。這樣，人類社會才是一個文明的社會，如同流水一樣，在流動之中不斷更新和改善。

第四章

你要安世界，就得先修己

《拋了年華》，水墨紙本，69cm × 138cm

我們能不能定住腳跟？能不能掌握自己？

23

我想建造幾座「橋樑」，聯通大眾與學術

近百年來，中國的知識分子接受著外來輸入的現代教育，他們接受的教育越「先進」，他們的著作離中國本土可能就越遙遠。我們的社會整體是在不斷改變，不斷地走向世界，可是知識分子走得太快、太遠，這使得知識分子和社會大眾之間基本上處於脱節狀態——知識分子和大眾沒法交流。

普通大眾不知道知識分子在思考什麼；知識分子們寫出一本本關於某個時代或某個學者的專著，對普通大眾似乎並沒有什麼用處。所以，我立志要填補這個空白，我想建造幾座「橋樑」，這些「橋樑」是聯通歷史與現代、大眾與學術之間的通道。

在我早期的著作裏，我做的是專題歷史研究——有專門的斷代、專門的研究範圍，還有很深入的小細節。我用這些細節來建構、復活那個時代的生活環境，以及當時的人們怎麼處理與世界和周邊環境的關

係。這方面的著作是我寫大社會、大歷史著作之前必定要有的自我訓練。沒有這些必要的基礎訓練，寫出來的大歷史著作將會是空泛的。

在我寫的書中，我主要用「網絡結構」這樣的觀念，把許多不同的個體、群體「interlock」——互相套連起來，看它們互相刺激和互相引導後所產生的變化趨向，來指出在某個時代的某個問題上，哪種力量佔主導作用。然後，再換另一個角度看另一種力量，去理解歷史中複雜的變動現象。

我的工作，其實和物理學家借用量子力學去建構對宇宙的認識很類似。他們想了解宇宙中種種粒子和結構之間的互動——它們怎樣從小變大，從結合到分離再到結合，如何重組改變，構成現在的物理群體和物理現象。我跟他們做的是相似的工作。

我從大的文明宇宙裏邊，看到大家共通的文明。每個地區性文明都帶著過去的傳統，也帶著過去的負擔，更帶著過去的「工具」。人們該如何把舊的「工具」轉換成新的「工具」，並把舊的負擔放到一邊？或者，該如何把負擔轉變成「資源」，使生活變得更有意義？這些問題都是我想要去探討的。

比如，我在《中國文化的精神》這本書裏特別指出，在中國人的日常生活中，都會有一點《周易》中的觀念。古與今、寒與熱、乾與濕等這樣的觀念，會在我們日常生活起居的空間文化上有所體現——不同的方向代表了乾燥或潮濕、明亮或黑暗等。這一套不斷變化的大宇宙，將中國人的生活融合在一起。我的希望是，經過自己的努力，把我所理解的中國社會及其歷史演化進程呈現給大家。這既能讓我們更清楚地了解過去，也能讓我們更清楚地了解自己。

對於大歷史，威爾斯（H. G. Wells）等人都有相當著名且值得稱讚的著作，但那些著作也都有著自己的局限性。因此，他們的書在暢銷了一陣之後，就沒太多人注意了。他們的努力，在專家們的眼裏就顯得不夠專業，過於空泛。我要盡量避免重蹈覆轍。對於每一個問題，我都盡量用專業工作中所獲得的成果——其中不僅包括我的工作成果，還包括我的歷史學、考古學、社會學、人類學同行們的收穫，這些全都納入我的寫作結構之中，一起進行思考。

這是我寫歷史一貫的方式。這種方式與我大多數美國同事的方式很不一樣，與「中國大通史」更不一樣。「中國大通史」裏面可以有一百個題目，這一百個題目就會產生一百個單元，但是這些單元互相之間的時代聯結會顯得相當生疏。

美國的大歷史著作也是如此。世界史、美國史、歐洲史或者文明史都只提供了一種敘述，而不能提供一種解釋。我盼望，我的著作能在敘述中「解釋變化」。在變化的形態、模式得到理解之後，我們才能慢慢掌握自己到底需要什麼樣的變化，以及如何理解這種變化。

我的問題取向，是用結構的方式來看結構的變化。「變化」本身就是我的課題。如果人類學能夠體現歷史變化的某個部分，能為我提供素材，那麼我就運用人類學的知識。其他學科同樣如此。我不固守任何一個學科，也不固守任何一個時代。

24

什麼是中國文化最基本的精神？

中國的基本假設是人為天地之中心，人一步步擴大變成天地。所以創世者是盤古，他倒下後，身體就變成山川河流，皮毛就變成草木，眼睛就變成天上的日月。整個宇宙就是由人，由創造者轉化而來的。創造者的精神——上達天，下通地——叫「宇宙精神」。中國把這天地之間最神奇的力量叫作「道」，叫「神」，「神」與「道」是一樣的。人內部的精神也是用這個「神」字表示。

道教裏的「元神」就是指：人除了肉體，還有小小的自我。修煉了一定的功夫，它會化為小人或者其他形態，從頭頂跳出去，自己游戲一下，再回到腦子裏面，這就是你的「元神」。中國人腦子裏的神也是通達天地與內心，和天地間的神是一回事。這就是中國文化的特色——以人為本。

中國儒家最要緊的價值觀「仁」，它的要義是「忠恕而已」。「忠」，就是我心中最深處、最真摯、最誠懇的部分；「恕」就是將他人看作自己，將心比心。「忠」「恕」合在一起是「仁」。「人」邊一個「二」，「人二」，兩人相處同在。「仁」道就是「忠恕」之道，也就是人類的「人」這個字。通天達地就是「大宇宙」，就是「大人」。這就是中國文化最基本的精神，是當年尋找聖哲的時候，從孔子以前就有的觀念，一直延續到現在。它與基督教、猶太教、伊斯蘭教的假定不一樣，與佛教的假定有點接近，但不完全一致。

25

中美文化最大的差異是什麼？

美國期許的是基督教的理想：愛人、容忍、自由、平等。但實際上美國做到沒有呢？似乎並沒有。美國從立國到現在，正一步一步離開最初的理想。

美國剛立國的時候還高舉「愛人」與「容忍」——基督教清教徒的理想，但後來，基督教獨神信仰的專斷，卻慢慢顯現出來：不信神、不入基督教，就不算是一個文明人。基督教排他的獨斷思想，逐漸發展為美國白人文化行為模式的特色——「自以為是」：即使是朋友，還是保持相當距離；旗鼓相當的對手之間，一定要爭出個高下。

中國的理想在哪裏呢？中國的理想是建立在個人立場之上的，從社區、社群、社團、社會到國家，個人是各種群體的基礎，每個人都有相對的權利和責任。相對權利，意味著人要自己尊重自己，也要尊重別人，有重視人的特色。中國的「創世記」——巨人盤古化生為宇宙——

講的是宇宙的創造者和宇宙本身是一體的，整個宇宙就是一個「人」，這和「上帝創造宇宙」的觀念有根本的差異。

中國文化的精神基礎，以人為本體。人作為個體，也作為群體，彼此之間——人與人、人與群體、同層次群體之間、各層次群體之間——不斷擴大提升、不斷交流、不斷改變、不斷修正調整，使大家可以在一個宇宙空間過日子，而不至於踩到別人的腳。或者，踩到別人的腳以後大家都退後半步，使每個人都有一點空間，互相合作，互相協調，這是中國社會結合的特色。今天的中國人不應該忽視中國文化的這一特色，我盼望中國人能體會到：人與人的合作與彼此尊重，才能糾正過分「個人主義」帶來的缺失。

中國儒家的以人為本，是儒、佛兩家文化精神基礎的最大差異。中國的思想是儒家與佛教的結合。儒家講究以「人」為本，佛家認為精神大於形體存在。佛教思想還重視時間的變化，到最後就是「空」，並且以此彌補儒家思想強調入世後「知進不知退」的問題。

儒家與佛教的結合，使中國思想和西洋思想有很大差別。中國的許多「神」，大多是機能的神、功能的神，神不是獨斷地生活，神也不能獨斷世間的權威。中國人講「公平、正直為神」：公平，是人與人之間以公平互相對待；正直，是自己做人不能自我扭曲。這應是人間共存的基本原則。在我們日常生活的各個層面，從中醫理論的「協調」「調和」，到風水、八卦，以及民間的宗教信仰，都以如此理念貫穿解釋，作為關注的原則。我在《中國文化的精神》一書中，從不同角度、不同領域，都曾對此現象有過詳細闡述。

比如，中國文學裏一些自然形象都是人格化的，人性和自然環境往往疊合在一起，展現人和自然的關係。

蘇東坡的《赤壁賦》為什麼動人？他把自己放置在一個孤舟中，月夜茫無邊際，一條船上就這麼幾個人。在這個時候他想到了宇宙的無限和個人的渺小，他想到了過去和現在正如流水一樣不斷地變化，他也想要察辨自己在哪裏，察辨自己能不能定住腳跟，能不能掌握自己。

中國人在詩歌藝術中展現了時空中的生活美學，表達了他們與自然的互相適應，到達了以自然風景來形容美學的境界。中國的精神文化在民間日常生活裏面，不知不覺還在重複出現，只是大多數人不太注意這件事。

26

你要安世界，
就得先修己

《萬古江河》裏沒有帝王將相，沒有開疆闢土，沒有一般教科書裏講的政治糾紛等，只有社會文化、經濟發展。我就是想提醒大家，中國這五千年來一直在進展、吸收、改變，就像小溪流入大河，大河流入長江、黃河，長江、黃河分別流入東海和渤海，再流入太平洋，最後理想的目標是遠處有個共同的「天下國家」，那裏面沒有列國紛爭，大家在大同社會裏一起過日子。這是我所盼望的理解《萬古江河》這本書的方式。「萬古江河」就是不停留，永遠在流轉，趨向全球化的方向，這是我寫這本書的心之所在。

至於讀中國的歷史書，我覺得像我這樣寫宏觀一點的歷史而非區域史的人不是很多，但也有人開始寫。像黃仁宇的角度——以一個小問題、一個年代來看整個時代的方方面面，這是可以讀的。此外，我希望國內外學歷史的同人能多寫一些關於民俗方面的信仰和理念的書，使得被士大夫所忽略的我們老百姓的格言、行為標準、崇拜對象等能夠呈現出來。

這部分力量深深地埋在中國文化的底層，使中國文化常常能夠在窮途末路的時候換一個天、換一個朝代重新開始。因為改朝換代的真正力量不在士大夫，而在最底層的民間。但很不幸，起義的人常常不是建國的人，起義的人有起義的能力、勇氣和用心，但沒有建設文化的能力。但今天不一樣了，我們的教育普及了，我覺得有必要將底層的世界發掘出來，呈現給大家，將底層的思想與上層的思想結合起來。

非常不幸也不巧的是，中國兩百多年來一直受外患的影響，被影響得忘記了自己，外來的信仰儼然佔據了主流，成為文化的最上層。以基督教為基礎的西方文明，有其獨特的歷史背景、需求和功能。他們的「道」是上帝與人之間的契約關係，在那個「道」裏，上帝是偏心的，對於不信他的人，不僅不予理睬，還因為不信而降罪。順我者昌，逆我者亡，神不做公正的裁判者。

中國人的「道」，是老百姓種田種出來的「道」。種田人感覺著自然界的一靜一動，立春、春分、清明等二十四節氣都是天地之間季候的改變，是自然生態的改變，我們把它當作生活的指標。我們說的「離天三尺」就是良心，人的身高一般不超過六尺——良心就是天，天就是良心，對不起良心就是對不起天。這個天是大秩序的總稱，是一種宇宙的力量。

這種底層文化根深蒂固。但是近代以來，它遇到了崇洋媚外的文化衝擊，從堅甲利兵開始，到理論學説，總覺得借來的東西最好。其實不必，也不能這樣想，因為借來的東西，必須經過消化，方才能夠內化吸納，收為己有。佛教傳入中國，中國人用了上千年來消化這一外來的信仰。基督教傳進來，我們還沒有消化成功。

外來事物，如果是借來的，必須經過消化。消化的意思是先咀嚼，再吞食，再消化。不能直接吞下去，要通過咀嚼檢驗這東西跟我合不合，然後再吸收。邊吸收，邊修正，方能將食物轉化為營養。這是我寫《萬古江河》的原意：總結過去的經驗。

回顧我們吸收外來事物的經驗，早期輸入的佛教，修改了多少？中期輸入的中東轉世觀念，修改了多少？解脫，那一理想世界究竟在未來，在過去，在死後，還是在「洞天」的山洞？

我的解釋是：在心裏，自己建構一個理想世界，然後先修己，再安人。先安你附近的人，再安遠一點的眾人，再安百姓。要安世界，必須先「修己」。因此，這一理想世界的所在，還是自己先做好「修己」，當作追尋解脫的前提。

27

我盼望過去的歷史，能幫我們理解當前的世界

二戰後，世界的形勢發生了重大變化。美國幫助歐洲復興，在亞洲扶持日本和韓國，還經歷了朝鮮戰爭和越南戰爭，美國在整個太平洋的霸權也是逐漸顯露。可是，近十年來，形勢不一樣了。

中國近十年來的發展非常引人注目，尤其是在生產方面。由於中國的勞動力價格便宜，而且工人素質又好，美國的很多廠家都把自己的生產線放到中國，中國逐漸變成世界上最大的生產國。美國歷來是製造大國，可這十年來變成了最大的消費國。這一出一入，美國的經濟就變得很不一樣，因此造成了十年來美國內外的一些變化。

第一個變化是與世界其他地區的合作方式發生改變。之前美國和歐盟是和平相處的夥伴關係，在特朗普任內變成了領導對屬下的關係，這種局面歐盟接受不了。拜登也不過是五十步笑百步，於是局面就越弄越僵。第二個變化是美國對全球化潮流的態度。前總統特朗普自找麻煩，

他認為經濟全球化對美國是不利的，美國本身就是強國，為何要在全球化的市場條件下去遵守別人的規定？於是，他用各種方法退出全球化。他不遺餘力地壓制中國——用片面的關稅對中國向美國出口的產品設限，還不斷用武力威嚇中國。這也造成太平洋局勢的緊張。這些都使美國原有的威權發生了質變，這種質變非常嚴重。

我們用中國歷史上的事件來舉例。春秋後期，晉國已經被三家分權，趙國是三卿中第一個佔有晉國主權的。趙衰對同人很好，對民眾很好，對其他國家也很好，所以大家稱他為「冬天的太陽」。但是趙衰故去之後，趙盾執政了，他要求大家出錢出兵，對大家的態度也並不客氣。趙盾在國家之間如此，在內部同事之間如此，對民眾也如此。趙盾就像夏天的太陽，烤得人發慌。

用這個例子來比喻的話，二戰後的美國是「冬日之日」，特朗普時期的美國是「夏日之日」。這個變化使得美國維繫的世界霸權產生了問題。有許多國家選擇與中國合作，不與美國合作。特朗普也不反省，以為可以用強硬的政策把中國壓倒，結果弄得越來越糟。特朗普作為極右派，用強力的手段干涉立法機構，抵制國內許多民生法案與救濟法案，把內政弄得很糟糕；對外採取強硬的政策，聘用並派任非常強硬的霸權論者作為各地的外交使節、軍事代表，甚至還有駐軍司令官，引發了世界其他國家和地區極大的反感。

這樣一來，局勢逼著中國不得不做出反應。而世界各國中，有一些國家寧可與中國一起構建人類命運共同體，也不願接受美國的領導；有些國家，尤其是西方國家，雖然不認可美國現在的領導，但仍然相信美國會改變，而中國的體制跟西方是不一樣的，所以他們對中國的誤解非常深。

世界霸權是否會轉移，以及轉移之後該怎麼辦，已經成為這個時代不得不面對和思考的問題，它給世界造成了很大的困擾，中國也深受其苦。一方面，美國主導的世界霸權會不會垮台，如果垮台，中國是不是有可能構建新的世界秩序；另一方面，大家對中國的政治體制懷有很深的誤解。這種局面在目前僵持不下，不僅對美國不利，其實對中國更為不利。

這一兩百年來，中國剛剛站到大國的邊緣上，就面臨著被抵制的風險；又面對著必須對美國有所反抗，否則會被壓倒得無可奈何的局面。面對這種情況，中國是硬也不成，軟也不成；美國的情況則是想要強硬但硬不下去，沒本錢還不服氣——特朗普就是如此。拜登接任後，同樣是舉棋不定，因為已經到了騎虎難下的局面，對中國既不能求和，又不能壓制。這個局面對世界整體的安寧和平是極為不利的，尤其對中國的國防問題構成了困擾。所以，今天的世界霸權問題已經和十年前大不相同了。十年前大家討論的是理論問題，今天則面臨國際政治、地緣政治上嚴峻的形勢。

我是中國人，但我住在美國。因此，我兩邊都關心。我希望拜登至少能比特朗普更理性一點、溫和一點，我相信他能夠做到。中美兩國都平心靜氣地尋求共同合作，大家合則兩利，鬥則兩傷。中美之間如果出現激烈對抗的局面，甚至用武力對抗來解決問題，世界一定會遭受重大的損失。就中國而言，兩百年一遇的上升機會，還沒有走到一半，就面臨嚴重的打擊，這對中國非常不利；對美國而言，與中國和平相處，也未嘗不是好事。如果美國一定堅持激烈對抗，國內經濟和國際形勢都不一定支持。直至目前，唯一可以做的是中美兩國都平心靜氣，坐下來好好談。我的理想是世界沒有霸權，大家平等共處，藉助討論、會議，用各讓一步、合作分工的方式，尋求解決問題的答案。

作為在美居住的華人，我這樣說不僅出於自己在這個窘態之下心裏難過，更是因為我身為華人而身在美國，我對美國內部有一定程度的了解，對祖國和中國文化也有一定的認識。我誠懇地請求，中美雙方在這個局面下能夠盡量求合作。

我也盼望歐盟的局勢能夠恢復過來。自從英國退出歐盟以後，歐盟本來幾乎找到了新的平衡方式，但特朗普的一些政策又讓歐洲局面陷入混亂。我盼望歐盟把俄羅斯吸收進來，不要把俄羅斯當作抵制的對象。東歐集團裏有許多很有前途的國家，以前它們在俄羅斯的籠罩之下，今天的局勢已經不一樣了。如果把俄羅斯好好融進來——體制不一樣，結果就不一樣，大家好好談，那也是一樣的道理：合則兩利，鬥則兩傷。穩定歐洲的局面，穩定太平洋的局面，就可以基本穩定世界局面。

至於日本這個國家，我們要注意它，它在二戰時期闖了彌天大禍。我們中國受到了極大的傷害，沒有日本插一腳，中國的現代化進程和崛起速度會比現在好得多。日本侵華使得我們遭受那麼大的損失——幾千萬流亡的難民，幾百萬傷亡的將士，以及當時正在建設的現代產業在戰爭中全部消耗光。我們在戰後原諒了日本，並沒有要求它償還債務。但我要警告大家，這個國家不簡單。美國一直在壓制日本，日本敢怒而不敢言。因為美國的軍隊駐紮在日本的土地上，美國的艦隊停泊在日本的港口裏，美國的飛機盤旋在日本的機場上。三十多年前，日本的經濟曾發達到讓全世界都流通日本貨，美國受不了了，用經濟制裁把它一棒子打到底，日本到今天都沒爬起來。這些事情日本不記得嗎？它清楚得很。以前的日本首相安倍晉三面對美國，忍氣吞聲，可能是想要學勾踐那樣，什麼侮辱都肯忍受。繼任者菅義偉，我看不出他究竟有什麼想法。

二戰以後，我們從重慶復員回家，乘坐的那條海軍老船老得都不能用了。但當時船隻實在不夠，應該報廢的船隻都被用來裝載眷屬。我們的船沒有注意航道變化，擱淺了，日本當時還未撤退的海軍奉中國司令官的指令，把這條船拖出來。一百多個日本兵，坐著兩條船把我們拖出來，到漢口港替我們加煤。一百多個士兵形成了人力傳輸帶，一筐筐送煤，一個上午的時間就完成了這件事。一百多個敗兵，紀律之嚴整，效率之高，令人佩服。我們不能不防備這個國家，這個國家會起來的。

我們從現在開始，要使日本不疑心中國會壓倒它。亞洲很大，容得下幾個大國；太平洋也很大，容得下幾個大國。不一定非要你死我活。中華文明圈，像日本、韓國、朝鮮和越南，大家都可以在圈子之內共同合作。日本人在心理上想侵略中國，比如明朝萬曆年間，豐臣秀吉想以朝鮮為跳板征服中國，但沒有成功。除此以外，幾百年來，亞洲圈除了北方民族持續衝擊中原地區以外，太平洋沿岸基本上是太平的。我盼望過去的歷史，能夠幫助我們理解現在的世界。

28

那些被打倒的文明，需要重整旗鼓

自從小布什當政後，美國迅速地垮下來，我的兒子放棄工業社會，只想過「一個人的生活」。我的兒子已經五十二歲了，他這一代人一個個心灰意懶，寧可過一種平衡的日子，也不過一種沒有愛情的日子。兒子和兒媳婦都是博士，雖然都可以去學校教書，但是他說：「我們不要去學校裏天天寫文章、算分數。」現在兩個人都在網上做事，編寫一本關於攝影、美術的小雜誌，薪水僅夠他們一家三口吃飯。他寧可這樣，也不從事工業流水線一般的教書工作，他就是要有「人的生活」，僅此而已。

他們這一代人在政治上不投票，直到上次特朗普被選舉出來，幾十萬學生開車去抗議，伸張「我們要另外的選擇，不要特朗普的作風」。特朗普就是典型的保守共和黨，以自由的名義找賺錢的機會。「That's all, not fair minded.」（生活本身就是不公平的。）在這一代美國人中，類似我兒子這種生活態度的人越來越多，他們討論的是西方文明的崩潰。芝加哥大學的麥克尼爾的名著《西方的興起》（*The Rise of the West: A History of the Human Community*）出版到現在已經六十年了[1]，而現在討論的卻是「declined fall of western civilization」（西方文明的崩潰）。下面緊接著的問題是：崩潰之後，什麼能代表人類文明？

我常用的比喻：我們東方幾乎所有的民族，坐著獨輪車、汽車、馬車，一個個進入了同一個輝煌的火車站；但是我們進入後，發現軌道已經生鏽了，最後一班車已經走掉了，火車站後面是一些荒蕪的墳墓……我們的現狀就是這樣。

所以我說這一段話，表示類似的問題不僅出現在中國，也存在於美國、日本和歐洲各國。日本同僚和我在不正式的會議中討論，他說日本是個好學生，在學習西方以前，學中國學得很好。等到明朝的時候，日本人覺得自己比中國更好，就萌生了一個想法：我為什麼不能替代中國？等西方文化來了，日本人認為：西方文化比中國文化好，我可以做到跟他們一樣，我為什麼不做呢？

但是日本的本錢不夠，所以需要擴張。日本人給自己的擴張找了個理由：要「拯救東亞」就必須先把東亞拿過來，通過燒殺、掠奪、恐嚇都可以。這個同僚稱之為「over expansion」（過度的擴張），而所謂「過度的擴張」，是為了完成「拯救東亞」這一「高貴」的目標。後來，日本被美國打敗了，但也只是在軍事上被打敗了。經濟上，日本坦克打不下的地方，豐田車打下來了；炸彈降落不了的地方，「八佰伴」征服了。但是現在，日本人的生活，八成以上的老百姓，每天攝取食物的熱量並

---

[1] 該書寫於 1962 年。

沒有提高，居住面積緊縮、生活煩躁，以及煩躁後的失望都比以前更嚴重，每年的自殺率不斷增加。

所以，無論是美國還是日本，都面臨著同一個問題——文明的崩潰，這是一個全球性的問題。美國的政客小布什、美國前國防部長佩里和前總統特朗普這些人，做事不夠格，比誰都不如啊！英國選不出內閣來，日本也選不出內閣來。這是一個全球性的問題，這是長期文化的問題。

現代文明是科技掛帥、生產掛帥。現代人的工作不是為了求知，乃是為了尋求利潤。應用本來是應該跟著理論發展的，但現在應用趕在理論前面，因為有市場。要先生產，發展應用，應用研發受阻才考慮更新落在後面的理論。如此的「科學」就不是真正的科學了，這是為富人服務的科學。民主後面是人權，人權的每一張投票中，一百張爛票壓過了十張好票。

那些被打倒的文明，需要重整旗鼓：這是我在最近二十年努力做的事。現在似乎已經被打垮、被打倒、趴在地上的文明，包括印度文明、伊斯蘭文明……都必須拿出真功夫。印度人快忘記自身的文明了，伊斯蘭文化被廣泛誤解，印第安人更不知道自己的文明在何處。

如何從被遺忘的文明中，揀出足以填補西方主流缺失的珍寶——最近二十年來，我就是努力在做這件事。

第五章

全世界人類曾經走過的路，都算我走過的路

《鄉情與鄉愁》，水墨設色紙本，83.5cm × 164.5cm

全世界人類曾經走過的路，都算我走過的路。

29

直到遇見
我的太太孫曼麗

與生俱來的傷殘，這是我的災禍，也是我的福氣。我一輩子不能做俊男，所以一輩子不能有美女。十三四歲時，兄弟姐妹們都去上學，住在學校裏。當年他們的學校都流亡在幾百里、幾千里之外，只有我獨居在重慶南山，除了松樹就是白鴿，女孩子對我來說，眼不見，心不動，久而久之成了習慣。

現在年紀大了再回想起來，我對女性真的沒有什麼特別的感覺。從小一起長大的親姐妹、堂姐妹、表姐妹們，每個人都有自己的性格，在我腦子裏，女孩子從來沒有什麼神秘的，也無所謂可愛或可怕。在我眼中，她們都只是個人而已。

抗日戰爭勝利後，回到無錫念書那兩年半，我忙得發昏，因為我必須從零開始，夜以繼日地用功，直到成績名列前茅。說實話，如果我跟平常人一樣健全，在正常學制裏，不見得能激發出這樣的學業興趣與動機。當時男女之防相當嚴格，教室裏的座位，男生坐六排，女生坐兩排。由於我免上體育課，當大家去上體育課時，教室裏空蕩蕩的，只剩我一人。男同學們有時會託我傳書遞簡，要我拿信放在某個女生的抽屜裏，等於是郵差，現在想來我覺得很好笑。

我也跟其他男女同學一起合辦板報、寫文章，那時候同學之中已經有人搞學生運動，江南學聯的領導學校就是輔仁中學。在那種政治氣氛下，兒女之情暫時擺到一邊，所以也沒怎麼樣，我還覺得班上的女同學彷彿都是我的表姐妹、堂姐妹呢！對我而言，每個人都只是個體，沒有叫我特別動心的，而且班上男生和女生的人數比例是 5：2，每個女生都有我的朋友追求，在道義上我也不能再有什麼行動，這是「江湖義氣」。我們在戰爭中、在逃難中長大的人，江湖義氣擺第一。

在臺灣大學時，我也未嘗沒有相當談得來的異性朋友，只是緣分止於友誼。

在芝加哥讀書時，大家開同樂會，我的工作常是在舞會門口收門票。俊男美女雖多，但我不沾惹這些事，不過也有女同學覺得我為人直爽，跟我談話有一定的趣味，我天南地北什麼都可以聊。而且我對文學的興趣很高，她們認為我是個很好的談話對象，連外國的女孩子也願意跟我聊聊天。我很理解這種情形，甚至不把她們當女生，只是一些可以談話的好朋友。我開刀住在醫院期間，有個中國女孩子在裏面做事情，經常來找我，蠻照顧我的，別人誤以為她是我的女朋友。後來連我也沒有把握，她對我是不是有一些其他的想法。

但是我從來沒有放開自己，我在心裏築了一道牆，過濾外來的東西，使我不會盲目。這道牆是我天然的殘缺，有其他動機的人，自然會被這道牆過濾掉。我心裏一直存著界限：必定要有一個女孩子，能識人於牝牡驪黃之外，就像伯樂識馬，她得看見另一面的我，不是外面的我，而我也看得見這個人，如果有這種心理上的自然條件，我會打開心門的。

所以，欣賞我的性格以外的人是不會進來的，因為她不會欣賞我。俊男美女很容易搭在一起，但那中間可能是錯誤的，因為我有這個天然的過濾器，比較不會犯錯，直到遇見我的太太孫曼麗。

曼麗是近代史研究所所長陳永發的同班同學，他們班上有好幾個女同學，我對身邊女生的高矮胖瘦常常搞不清楚。我除了注重他們的課業，常常盤問功課之外，其他事就不太管了。他們交報告的時候，不管是男生、女生都好像有點怕我；後來我當了系主任，很多學生不敢到主任辦公室來。老實講，我對他們班上的同學一點都不熟悉，只是從考卷和他們寫的文章，交叉配合，判斷這個學生的程度如何。因此，曼麗在學校讀書時，我並沒有追求她，直到她畢業兩年後我們才開始交往。

當時我對學生們找工作的事是很願意幫忙的，被我推薦的人很多。曼麗的第一個工作是在臺灣「中央圖書館」(現臺北「中央圖書館」)。那時候「中央圖書館」館長是蔣慰堂先生，他是我的長輩，跟我私交很好。我是江南人，他覺得跟我聊天蠻有意思的，戲劇、文學……雜七雜八的什麼都聊，無形之中就成為忘年之交。蔣先生是徐志摩的表弟，大家都不曉得他童心的部分，他還會唱崑曲。當時他手上有個元明史的計劃，他問我：「你有沒有學生可以幫忙，擔任我的助手？」恰好當時曼麗問我有沒有工作可以幫她推薦，我就把她推薦給慰老。她從那個時候開始到圖書館工作，後來又到聖心書院教書。

經過一陣子的交往後，我們覺得彼此都很相契，就決定結婚。我們的婚禮就由李德心一手操辦，1969 年 2 月 9 日，農曆年前七天，我們在臺北懷恩堂結婚，由周聯華牧師主持。沈剛伯先生跟李濟先生是我們的證婚人，沈先生還親自揮毫寫了長歌《丹鳳吟》祝賀。當時，我母親非常高興。

這是上天賜給我的福分，讓我終於遇到不在乎牝牡驪黃的伴侶。那時候我四面八方受人打擊，又遭到情治人員的圍剿，她隱約知道，但不清楚具體細節，我也不嚇唬她，確實辛苦了她。1970 年，我們到了美國，那一年她才二十七八歲，抱著一個八個月大的娃娃，拎著兩個箱子。原本我只打算到匹茲堡擔任客座教授，沒想到一待就是三十多年。

我常說上帝是非常好的設計者，但卻是非常蹩腳的品管員，所以我的缺陷非常嚴重。不過，上帝對有缺點的產品都有產後服務，會派個守護神補救。我的前半生是母親護持，後半段就是曼麗了。她們是隱身的天使，我非常感激。這是我生命中很重要的一段，我必須交代。為了照顧我，曼麗確實比一般的太太更辛苦，這是我感愧終身的！好在我們相契甚深，其他都不在乎了，一輩子走來，感到生命充實豐富。如果我們可以選擇，下輩子還是願意再結為夫妻。

我們的獨子許樂鵬是我在臺灣「中研院」（全稱為「中央研究院」）服務時出生的。樂鵬小的時候，他每晚上床前我都會給他講個故事，隔天早上他起床，見了我就說：「爸爸，我睡覺了你在工作，我起來了你還在工作，你晚上沒睡覺。」我說：「我只是睡得比你晚，起得比你早。」我們家的私人情感是很好的，這是上帝所賜，我非常珍惜。

樂鵬在芝加哥大學讀完了學士和碩士。芝加哥大學的人文學科不分科系，就是「一般人文」（humanity general），他這是學我的樣，我在芝

1968 年，許倬雲與孫曼麗戀愛留影，右一為陳永發

1969 年 2 月，許先生與太太孫曼麗於臺北懷恩堂舉行婚禮，證婚人為周聯華牧師

加哥大學也是讀「一般人文」。我剛進去時是在東方研究所讀書，該所和歷史系不分家。我畢業時，他們說無法把我歸類，就把我歸到「一般人文」。

芝加哥大學的歷史系很奇怪，一半歸「一般人文」管，一半歸「社會科學」(social science) 管，隨你挑，老師和學生覺得自己屬哪一邊就歸哪一邊，所以樂鵬念的也是「一般人文」。他當過四年的記者，後來覺得不足，又回去唸書，讀的是紐約大學的人類學。紐約大學是後現代的大本營，他最近還去英國做研究。但他不願意進入學術界。他說：「我不是一個做分析的人，我要做有創造力的人，我要形塑、創造一個東西，我不做分析。」

我們也希望他過的是一種寧靜、情感滿足、精神生活充足的日子，他要做到這一點，我想絕對沒有問題。他從芝加哥大學畢業後，除了必要時穿袍戴帽之外，別的場合他還是平常故我，因為他不願宣揚。這個孩子是我跟曼麗兩人親手帶大的，等於是我們自己形塑成的人物，也是我們自己性格的表現。我舉個例子，美國人習慣高中畢業時辦場舞會，每個學生到公司打工、在麥當勞做小窗口服務員賺錢，千方百計籌措自己的費用，包括租汽車、租一套晚禮服、護送女孩子參加舞會。美國高中生從高一就開始存錢準備這件事。當時和樂鵬一起來我們家玩的漂亮女孩子多得很，但是後來他帶去參加畢業舞會的女孩子，卻是一個從來不曾在一起玩的女孩子，他說：「沒人約她，我約她！」結果，那個女孩子的爸爸到我們家來時還手足無措。

我們對樂鵬是雙語教育，他在外面講英文，回到家裏講中文。小時候我們教他講話，動物園、zoo，老虎、tiger，兩個名詞一起用，這部分詞彙他夠用，因為他已經習慣雙語背景，所以說中文沒什麼問題，心裏也沒有感到種族問題帶來的壓力。他在美國上的小學是匹茲堡大學附屬小學，本來就有各式各樣的人。他自己對閱讀中文也很用功，九歲回臺灣時，曾一本正經地在當地的「金華小學」註冊，當二年級的旁聽生。那時候他就非常喜歡漫畫，直到今天漫畫還是他的嗜好。他也可以寫中文，到餐廳還可以點個菜，看中文報紙也沒問題，這都是他自己一路摸索出來的。他的英文寫作也很好。

高中時，樂鵬也是優秀生。他的同學群體很國際化，有猶太小孩、中國小孩，在美國的優秀生裏，有外國背景的比當地背景的人多。樂鵬對家裏的親戚朋友都很有禮貌，中國人平常在家裏怎麼做，他就一定怎麼做。每到過年的時候，他一定回來。我們家有一卷「祖宗軸子」，那是我們離開故鄉時，先父知道可能回不去了，在軸子上寫了歷代祖宗的世系表，裱得精細，到臺灣後就一直掛在家裏。我和弟弟去美國時，我哥哥請人抄了兩份，一份給我，一份給弟弟。過年時，我一定把軸子供起來祭祖。後來我們供「祖宗軸子」時，樂鵬便負責擺祭品，供上祭品之前他會先鞠個躬，上好了再鞠個躬，卸下「祖宗軸子」時，也先鞠個躬。這些我們都沒有教過他，但是他自己知道該怎麼做。他太太 Thalia Gray 是波蘭、愛爾蘭、蘇格蘭混血的美國人。有一年，她來我們家過年——那時候他們還沒結婚——我回頭一看，怎麼這個女孩子也跟著我們一起向祖宗鞠躬？顯然是受了樂鵬的影響。

我們都蠻喜歡這個洋媳婦，樂鵬在英國當記者時，她也在英國做事，擔任雜誌社的寫稿員，替醫學研究人員寫研究報告。

他們居然想到用中國的針灸幫助懷孕。2006 年 3 月，他們迎來一名男娃娃，我為他取名「歸仁」，媳婦姓 Gray，所以「歸」字是他母親的姓，不是我們家的輩分，我們應該公公道道，把父親的姓拿上去，母親的姓也要拿上去。但是中間有個「歸」字，下面的字就很難取了，結果歸去歸來，歸「仁」最好，就取名「歸仁」了。

退休之後，我除了忙一些公家的事之外，身體還發生了一點小問題。2006 年，萬芳醫院買了一部新的計算機斷層掃描儀，邀請我和曼麗，以及我姐姐做了免費檢查。結果這一查麻煩大了，我的心臟冠狀動脈高度鈣化，意思是我的冠狀動脈隨時會爆裂。

從理論上來説，人的器官都會鈣化，皮膚也會鈣化。後來我想起來，先母七十歲的時候也有這個毛病，心臟瓣膜硬化，不能閉合，可能會造成血液倒流。她還有心肌肥大，情況相當不好，但她還是活到了九十四歲。不過，有這些症狀的人，情緒不能有太大的波動。喜怒哀樂太激烈，心臟血液就流得快，血液在硬化的血管裏流得快，很容易造成血管破裂。這東西一崩，人就拉倒了。所以我交代曼麗，只要我的血管一崩，不要讓我當植物人，該走就走。

我今年（2009 年）即將八十歲，我的日常生活很有規律。我寫了《萬古江河》之後，又寫了一本小書，討論中國歷史上的「我」與「他」、「主」與「從」。此外，我還做一些閱讀，寫一些短文。兒子一家也在匹茲堡，住處離我們不遠，每週孫子來我們家兩三次，由祖母照顧。這個孩子性格好，祖孫三人共處，其樂融融。

匹茲堡的中國友人，來自臺灣、大陸、香港，大約二十人，每兩三週聚會一次，聽我講歷史，目前正在講近代史。這種談話會逼得我非先盤清頭緒不可，對我極有幫助。

我自己反省，八十之年，夠用是富，不求是貴，少病是壽，淡泊是福，知足是樂，有這種生活，夫復何求！當然，殘疾帶給我的疼痛，到老更甚，全靠內服外敷止痛，曼麗照顧我比以前更辛苦了。我自問生死之間，看得很淡，唯有辛苦了曼麗一輩子，怎忍捨她而去？如果真有來世，我還盼重續今生之緣，但是該由我照顧她了。來世的職業呢？也許還是學歷史，可以冷眼熱心地看世事。

（本文為 2009 年許倬雲先生接受臺灣「中研院」的訪談記錄）

30

全世界人類曾經走過的路，都算我走過的路

許倬雲 1930 年出生於江南世族大家，是生長在新舊兩個世界之間的人物。他觸摸到了舊文明系統的夕陽，也同時受到了西方式的知識訓練。他在兩種世界中一起成長，二者共同幫助他去觀照和思考更遼闊的事物。在許知遠看來，許倬雲是一套密碼，需要保存，需要不斷書寫。他的智慧，能幫助我們思考，如此脆弱的文明，應該如何呵護。

一、抗日戰爭的經歷影響了我一輩子

許知遠：您現在還會常想起哪段時光呢？

許倬雲：回憶最多的是抗日戰爭期間。抗日戰爭期間的經歷影響我一輩子，也影響我念書時選方向，以及我關心的事情。抗日戰爭期間是

1937 年，許先生與小姑媽、雙胞胎弟弟許翼雲及九弟許凌雲在沙市江邊

求生不成，求死不得。我又是殘廢，不能上學。我七歲時抗日戰爭全面爆發，那時候我都不能站起來；到十三歲才能真正拄著棍走路，別人都在逃難，我就依靠父母帶著我走。我父親的工作是戰地文官，逃難的時候，文官最後一個出來；打回去的時候，他第一個進去。我們就在戰線邊前前後後跑，常常在鄉下老百姓那兒借個鋪，廟裏面借個地方住住，所以我體會到了老百姓是怎樣生活的。

我常常在村子裏面，老是被擱在人多的地方。我就看老百姓的日子：農夫怎麼種田，七八歲小孩怎麼到地裏捉蟲子、怎麼拔草，諸如此類。那一段時間，我進進出出都是在小村落的偏僻地方。有時候日本人打得急了，我們臨時撤退，撤到前不著村、後不著店的地方。所以我的心不是在家裏，我的心一直念著那些人。

許知遠：這段經歷對您後來的歷史寫作有直接的影響嗎？

許倬雲：對，我的第一部英文著作是《中國古代社會史論》，第二部英文著作是《漢代農業》，寫怎麼種田。我説你們大學者、大教授寫老半天書，飯怎麼出來的也不知道。我就寫《漢代農業》，寫漢代人是怎麼種地的。後來也是，街上的事，我興趣最大；老百姓的事，我興趣最大。

許知遠：您 1970 年來這裏教書的時候，能非常清晰地感覺到美國的力量嗎？

許倬雲：沒錯，晚上的匹茲堡，半邊天是紅的，白天半邊天是黑的。

許知遠：紅與黑。最初來時美國力量這麼強，這幾十年，您看到這個力量的變化是什麼？

許倬雲：衰了，1980 年以後衰得很迅速。每隔幾個月，就聽到哪一個工廠關了；每隔幾個月，又聽到哪個工廠搬了。搬一個工廠就表示一個鎮的人失業，關一個工廠就表示幾萬人沒得活，慘得很。工人都是做技術工作的，有經驗、有能力、有尊嚴。那個時候，黃昏，你到市場、超市去看，當天賣不完的東西都擱到後門口。老工人的頭上戴個帽子，壓到眉毛低低的，領子拉得高高的，奔到後門去，擱在那兒就是讓他們拿的，罐頭、麵包，拿著就快跑。有尊嚴的人過那樣的日子就慘了，到今天都沒有恢復過來。

許知遠：所以您看到了這兒的工業文明輓歌？

許倬雲：對。二戰期間，登陸艇是在這個島上造的，一個小時完成一台，一串串拖出十台、二十台登陸艇往下跑，跑到出口，裝上軍艦運到前線，一個小時一台，生產力多強。這裏的鋼鐵工人有幾萬人，曾佔全世界鋼鐵出產量的四分之三，那實力真強大。

許知遠：您小時候看他們種地，其實抗日戰爭時候，就是農業文明的輓歌。到這兒您又看到工業文明的輓歌。不斷地看到輓歌，您是什麼感受？

許倬雲：農村沒有輓歌。我們抗日戰爭能堅持十四年是靠農村撐起來的，農村的力量是強大的。連前帶後，我們近四千五百萬軍民傷亡，四川一個省出了近三百萬青壯年，基本上沒人回家。草鞋、步槍、斗笠，一批批出來。而且那時候的農村，各地撤退的人，或者拉鋸戰的時候，前線撤到後邊農村，農村人一句閒話不說，接納難民。多少糧食拿出來一起吃，沒有一句怨言，糧食吃完了就一起餓。滿路的人奔走，往內陸走，沒有人欺負人，沒有擠著上車、上船的情況，都是先把老弱婦孺往上推，自己留在後面。大路上奔走，多少老年人走不動了，跟孩子說「你們走，走」。

許知遠：是不是這段經歷，讓您對中國始終特別有信心？

許倬雲：所以我知道，中國不會亡，中國不可能亡。

二、為常民寫作

許知遠：您在最近的寫作裏常提為常民寫作，常民的重要性，為什麼您這麼強調這一點呢？

許倬雲：因為我們同行的各種著作裏頭，通常只注意到檯面上的人物，帝王將相或者什麼人的成功，寫的是名人的事情、頭頭兒的事情，講的是堂堂皇皇的大道理，老百姓的日子沒人管。所以在《中國文化的精神》裏面，我講的就是老百姓吃飯、過日子的事，都是人跟自然整合在一起的事。

中國有二十四個節氣，我們過日子總是注意到人跟自然的變化同步進行，這是人跟自然的協調。所以詩裏面一定拿自然風景的變化來形容不同的風格，講情緒是人的事情，但情緒後面藏滿了自然的變化。我一輩子最喜歡李白的《憶秦娥》裏的八個字：「西風殘照，漢家陵闕。」「西風」，季節；「殘照」，日夜；「漢家」，朝代；「陵闕」，生死。八個字，四個時段，每個時段都能描繪出具體的形象來。

我們常民的日子，可以說無處沒有詩意，無處沒有畫景，無處不是跟自然相配，無處不是與人生相和。這種生活不是只有知識分子才有，一般人一樣有。老頭兒散散步——大雁已經成行了，往那邊飛了，眼下的燕子回來了，都是一直深切地跟周圍相關。這種境界不是歐美的生活能看見的。

許知遠：但這種生活，是不是在 20 世紀很大程度被中斷了？

許倬雲：中斷了，就希望你們把它恢復過來。

許知遠：那您覺得怎麼重建？

許倬雲：要許多人合作。要有敏感的心情，要有同情的心情。同情的心情就是將心比心，才能夠看出周圍無處不是詩，無處不是畫，任何時候都拿我跟人放在一起，拿自然放在我心裏。這樣他的精神生活就是豐富的。

許知遠：您覺得對中國的常民來講，歷史上這麼多朝代，生活在哪個朝代是最幸福的？

許倬雲：漢朝。漢朝將國家的基礎放在農村獨立的農家，這樣才能出人才，才能出財富，這是交通線的末梢。城市都是交通線上打的結，商人、官員都在轉接點上。編戶齊民，漢朝是最好的，到南北朝被毀得很厲害。宋朝大戶變成小大戶、小大族，以縣為基礎的大族，不再是以國家為基礎的大族。明朝恢復了一些漢朝的規模，但恢復得不夠，又被清朝推翻了。

明朝跟清朝都有的一個最嚴重問題是，有相當一批國家養活的人。明朝要養活的是職業軍人，朱元璋養兵，向他投降的兵、得了天下後不用打仗的兵，都養在衛所裏面，由國家養。土地劃給他一大片，不納糧、不完稅——浪費。朱元璋登基的時候，白吃的就幾個人，主要是他和他侄子，到明朝亡的時候，近八十五萬人白吃。他白吃就算了，一個省裏面還有好幾個王爺，到後來每個縣都有王爺，王爺府裏的人都是白吃。清朝八旗是白吃，有了這批白吃的人，國家就不對了。所以真正講起來，唐朝也不錯，可唐朝的基礎不在農村，唐朝的基礎在商業道路上。

美國常民，我認為是二戰以後，大概 20 世紀 50 年代到 70 年代，日子過得好。沒有很窮的人，富人也沒有佔據那麼多財富。那個時候大家自尊自重，社區完整沒有碎裂，生活的差距不大。每個人有尊嚴，有自信，人跟人之間的關係也相當和諧。後來，城裏面的小店鋪一家一家不見了，連鎖店一家一家出來了，市場出來了，這些人就慢慢消失掉了。

許知遠：現在的美國力量，您怎麼描述它？

許倬雲：本來把大家結合在一起的宗教信仰、族群聚合，都由於都市化的關係在散開；散開以後，美國無法凝聚。但有轉機，兩個轉機。第一個是頭臉人物的聚集，吸收新的血液，以及加強他們的團結性。這在我看來是不好的，後來就會變成少數寡頭政治繼續延續，並端到檯面上來。

第二個是好的，是小社區自己求活。小社區不一定是村子，不一定是鎮子，比如洛杉磯有幾條街，那幾條街就可以合起來做點事。這種事情正在進行，我們已經能見到，我收集的資料裏面就有一百多例。小社區內互相幫忙，但他們不會走到像以色列開國時候一樣的公社，大概會走向合作社的基礎，或者一個會所的基礎，集體一起買東西進來分著用，比較便宜。集體排出一個單子：修爐子找誰，修電路找誰，修管道找誰，蓋房子找誰……這一圈裏頭的兩三千、三五千人，自給自足，不假外求，省錢，並且互相有感情。幾千人構成的社區在慢慢浮現。這個社區出現以後，會實現真正融合，就像中國的鄰里街坊互相幫忙。

許知遠：小的互助團體？

許倬雲：對，在臺灣叫「眷村」，眷村裏面的孩子從來不會餓著，爸爸、媽媽來不及回來做飯，眷村裏面的人就會給飯吃。慢慢凝聚起來，就等於古代的部落，這個小社區和那個小社區結盟，就能共同做更大一點的事情。所以有兩條路，一條是上層往下通，一條是下層往上合。

三、受教育是為了超越未見

許知遠：在這麼一個價值轉型過程中，一個歷史學家可以扮演什麼角色？

許倬雲：我們可憐得很，我們只能記人家做過的事。我的另一行是

1958 年，攝於芝加哥旅途中

社會學，所以我能把社會學的東西放進歷史裏，可以做得比較自由，不然純粹拿發生過的事情讓我研究，那難辦。歷史要活學活用，不是找例子，也不是保存東西，而是全世界人類曾經走過的路，都算我走過的路。這樣，可以排出無數的選擇，讓我們在找路的時候，絕對不會只有這一條路或者這三條路。

還有，學歷史可以學到從個人到天下之間各個階段、各個層次的變化，以及變化裏面的因素。因為我是將社會和歷史合在一起研究的，所以我的歷史觀裏個人的地位最小，文化的地位最高。文化脱不開社會，脫不開經濟，脫不開政治，也脫不開地理，脫不開天然環境，脫不開我們駕馭天然環境的科學。文化是一個總的東西。年鑒學派的思考（年鑒學派錯用了「年鑒」這個名詞），就是要超過「年」這個尺度看待歷史和文化。

許知遠：他們以千年為鑒？

許倬雲：以萬年為鑒，時間最長的是文化，更長的是自然。最短的是人，比人稍微長一點的是政治，比政治稍微長一點的是經濟，比經濟稍微長一點的是社會，然後是人類文化，再然後是自然。

許知遠：在這麼長段的文化尺度下，人顯得那麼小。那您覺得人怎樣才能獲得自身的意義和價值？

許倬雲：我對人的理解是這樣子。山谷裏面花開花落，沒有人看見它，那個花開花落，是白白地花開花落，它不在我們理解的世界裏面。今天能給黑洞照相了，我們才曉得去黑洞裏面玩，我們的宇宙知識才多了一大塊。沒有衛星一個個上去，我們怎麼知道月亮背後的東西？所有我們知道的 都是用肉眼看見，或者用機械的眼看見，或者用推理的眼看見，或者用理論的眼來看見。人受教育的功能，不僅是用受的教育能換得吃飯的工具，也不僅是受了教育要知道人跟人相處，和平相處。要有一種教育，養成遠見，能超越你未見。我們要想辦法設想我們沒見到的世界還有可能是什麼樣，擴展這種可能性。

許知遠：您自己遇到過那種出現很人精神危機的時刻嗎？

許倬雲：我傷殘之人，要能夠自己不敗不餒。我的性格從小生下來就如此。如果長到十五歲，一棒槌打倒了，那完了，起不來的。我從生下來就知道自己有殘缺，不去爭，不去搶，往裏走，安頓自己。

許知遠：您說過後現代世界都陷入某種精神危機。人無法安身立命，西方、東方都有相似的危機。

許倬雲：現在全球性的問題是人找不到目的，找不到人生的意義在哪裏，於是無所適從。而世界上誘惑太多，今天我們的生活起居裏，有多少科技產品，這些東西都不是家裏自己做出來的，都是買的。今天你沒有金錢，你不能過日子。必須過這種生活，就不能獨立，既然不能獨立，你就隨著大家跑，大家用什麼，你跟著用什麼。

尤其今天的網絡空間裏，每個人彼此影響，但是難得有人自己想。聽到的信息很多，但不一定知道怎麼揀選，也不知道人生往哪個方向走，人活著幹什麼。只有失望之人，只有無可奈何之人，才會想想我過日子為什麼過，順境裏面的人不會想。而今天日子過得太舒服，沒有人想這個問題。

許知遠：那這種盲目最終會導向一個很大的災難嗎？

許倬雲：對，忙的是趕時髦，忙的是聽最紅歌星的歌，不管那歌星的歌是不是你喜歡聽的。人的判斷能力沒有了，沒有目標，沒有理念，人生灰白一片，這是悲劇。自古以來，人類歷史上最重要的階段有軸心時代。那個時代每個文化圈都冒出人來，冒出一群人來，提出大的問題。他們多半提出問題，而不是給出答案。那些問題今天還在我們腦子裏邊，那一批人問的問題，歷代都有人跟著想。可現在思考大文化的人越來越少，因為答案太現成，一抓就一個，短暫吃下去，夠飽了，不去想了。今天的物質生活豐富方便，精神上卻空虛蒼白，甚至沒有。人這麼走下去，就等於變成活的機器，最後是我們來配合人工智能，而不是人工智能來配合人，我們沒有自己了。

許知遠：那怎麼應對這樣的時代呢？如果一個人不甘心，但他力量又這麼微薄，他怎麼應對這樣一種潮流？怎麼自我解救呢？

1965 年，孫曼麗（左二）畢業留影，許倬雲先生時為臺大歷史系主任

許倬雲：這個就是你們媒體、新聞界，以及知識界站第一線上的人做的事情。我願意跟你做討論、談話，就是希望藉助你把這消息告訴別人，一千個人、一萬個人中有兩三個人聽，傳到他耳朵裏面去，他聽到心裏面去，我就滿足了，你也滿足。

許知遠：您的解決方案是什麼？

許倬雲：叫每個人自己懂得怎麼想，看東西要看東西本身的意義，想東西要想徹底，不是飄過去。今天的文化是舞台式的文化，是「導演」導出來的文化。

（本文為許倬雲先生接受許知遠採訪的記錄）

《憶江南》，水墨紙本，69.5cm × 138.5cm

只有失望之人，只有無可奈何之人，

才會想想我過日子為什麼過。

31

孫曼麗：
我們倆都很幸運，過得很好

一、你怎麼這麼大膽子敢跟他結婚？

許知遠：我想和您一塊兒看看照片。

孫曼麗：看這些照片才知道自己以前那麼年輕，時間一晃，就晃了這麼五十年。這是大學的時候，應該是 1964 年、1965 年，怎麼以前那麼漂亮。

許知遠：這是許倬雲先生。

孫曼麗：他是歷史系的系主任。我同學問我，你怎麼這麼大膽子敢跟他結婚？我們同學都怕他，因為他一見你面，就問在念什麼書，他性子又急，於是每個人見到他轉彎就逃，就我不怕他。

許知遠：他講課是什麼風格？

孫曼麗：他那個時候單身，你知道單身男生跟結了婚的男生不一

1968年於淡水，許先生與孫曼麗戀愛後首次合影

樣，他風趣得很，講課的時候就是想說什麼就說什麼，總是很得體、很輕鬆。

許知遠：他後來怎麼跟您在一起的？

孫曼麗：我畢業了，有事情就過來找他，慢慢就越談越多，所以這是很自然的一件事情。我們今年是結婚五十年，我覺得我做到我該做的了。我跟他在一起，前面是他教我很多，我很服他。現在是我在照顧他，他很服我。所以我們兩個不太容易起爭執。我很多朋友，結婚的時候也還不錯，可是不知道為什麼越過越遠。我覺得很幸運，我們倆是越過越近。婚姻不是很簡單的事，你得花心思。我的原則是你必須尊敬他，你才會愛他。如果你不尊敬這個人，你看著他，你東挑他的毛病，西挑他的毛病，那這個人就不能跟你處下去。同樣，對方要尊敬你，那麼問題就沒有了。

二、只要敢來找他，他絕對教

許知遠：您是他的第一讀者嗎？

孫曼麗：他現在很生氣，因為我常常不肯看。其實我想等他寫完，我再看。

許知遠：(20 世紀）70 年代的時候，您是最早的讀者？

孫曼麗：基本上是我鼓勵他寫的。那個時候他還沒有想到寫，是我告訴他你既然有這麼多的意見，你別跟我說，我煩得很，你寫下來。他寫下來以後，慢慢腦子就整理得很清楚了，而且他的觀察力很強。

許知遠：幾十年間，許先生最高產的時候是哪段時間？

孫曼麗：他是（20 世紀）80 年代開始一直到現在沒停過。70 年代的時候，他說他在臺灣的八年——1962 年到 1970 年，已經落下了很多東西，他剛來的那幾年，常常待在圖書館裏，非常認真地閱讀那些漏掉的東西。到了 70 年代中期，他就開始寫文章，等到 80 年代的時候他就成熟了。他退休以後進步更快，因為退休以後就沒有教書的任務了。他為什麼提前退休？他說我到教室看著那些小孩子，怎麼我像個三家村小教書先生在教那些牙牙學語的孩子，因為他太熟，而他們太生。退休以後他反而更活躍，因為他到很多地方去給研究生、年輕的新教授們上課，誰的膽子大一點，運氣好一點，只要敢來找他，他絕對教。你不找他，那沒辦法，他也不找你。

許知遠：我趕緊搬過來住。

孫曼麗：有一個南京來的年輕教授，在南京聽過他演講，就來找他了，現在每個禮拜來兩天，一天來上一個鐘頭的課。他會列問題，把問題送去他同行的朋友那裏討論，那邊再給他一些問題。於是許先生就非常喜歡，他說這樣的話，我也可以想很多。

所以我常常跟他們講，他腦子裏的東西可多了。他腦子裏有多少東西我都不知道。他記性特別好，腦子裏頭學的東西清清楚楚的，所以有問題要談的時候，你就找他，他很喜歡人家給他提問題。他現在發現腦子裏還有很多的東西，可是沒有力氣寫了。

三、他不認為身體的不完美會影響到人的完美

許知遠：他會有陷入情緒低潮的時候嗎？

孫曼麗：會，他情緒起伏非常大，常常低潮，我就常常跟他轉換話題。我們最近講得最多的話題就是他年紀大了，開始想家了，常常想無錫，我說好吧！咱們做個媽媽做的菜，我給你燉個蛋吃。他就說真好，跟我媽媽做的菜很像。

許知遠：對家鄉的這種感覺什麼時候變得強烈呢？

孫曼麗：跟年紀有關係。我就觀察到，體力變弱的時候，腦子就

活，人就老想家。他前兩年還沒有到這個地步，還在專心寫。

許知遠：為什麼許先生的意志力會這麼強，為什麼他的創造力能維持得這麼久？

孫曼麗：創造力維持得久是靠後來的訓練，可是他為什麼能夠維持得這麼久，歸根結底是由於他的毅力和不認輸的個性。在我們結婚以前，他們家裏的姐姐跟嫂嫂都說，老七，你就到鄉下，花點錢隨便找一個人回來，可以給你生孩子、管家就行，他說我為什麼就要找一個給我生孩子、管家的人就行了？他不肯承認這一點，他的個性是我要找我想要的，你們講的話算什麼？

他比較追求完美，他不認為他身體的不完美，會影響到人的完美。我從跟他在一起，我從來沒有把他當成一個身體有缺陷的人。在他退休以後，體力變弱之前，我們兩個出去買菜、上街，我們都牽著手走路。他走路慢，我走慢一點就是了。有一次碰到他嫂嫂了，她說曼麗，你怎麼又讓他出來買菜？我說怎麼了，他為什麼不能出來買菜？他應該做什麼？人都要老，很多跟他同年齡的人，好手好腳也不見得比他好。我的朋友都說，他跟與他同齡人比的話，他算是很好的，而且是非常好。

我們倆都很幸運，別人怎麼看我們是一回事，可是我們倆過得很好。

四、我跟他在一起像照鏡子

孫曼麗：最近他身體比較弱一點，他就開始擔心，說曼麗，我走了你怎麼辦？我說咱們現在先每天過日子，等你走了再說。他說你走了之後，我怎麼辦？我說咱們先過眼前的，每一天過好就行了。他真的很會愁，世界不好他發愁，中國不好他發愁，中國好了他又發愁。愁真多。我說你不叫先天下憂，你是天天憂。可是你再想，既然他不能往外跑、往外跳，那麼他憂就憂吧！

許知遠：許先生會恐懼死亡嗎？

孫曼麗：他基本上對死亡不恐懼，他有時候很累就說，我過得這麼累，走了算了。我說你要真想走，你也可以考慮。人無論活到多久，總要走。你能夠自己選擇怎麼走的時候，你可以選。他總是說，我不是捨不得走，我是捨不得你。我說你捨不得我懂，可是早晚咱們總得捨。人有生就有死，死跟生是連在一起的，不是分開的。他說你為什麼這麼瀟灑？我說不是我瀟灑，是我想得開。

我為什麼想得開？任何人跟他在一起過日子，就會變得想得開。他跟我在一起，我像照鏡子，我看到他的努力、他的不捨，我就覺得我不能跟他一樣。我跟他一樣的話，這日子不能過。我必須自己站起來，自己樹立自己的性格，才可以跟他平衡。我如果是一個乖乖的女孩子，跟著他走的話，那我們現在不知道過的是什麼日子。

中國平常的女孩子，大學畢業之前根本沒機會長大，都被保護得好好的。你運氣好，結婚的時候家庭不錯，你就慢慢長大了；運氣不好，結了婚就完蛋。我覺得很多事情你得自己有個看法，然後才能夠支持他，我現在如果不是心理上強壯，如果是嬌滴滴的，他肯定會擔心他如果先走的話，我餓都餓死了。我現在就告訴他，剩你，剩我，都要活。

人家一看到我就說你要照顧這個人，你很累，每個人都知道我累。但其實別人一點看不出來我疲累的樣子。也許別人心裏很累，因為他們的婚姻可能有別的問題，並不比我輕鬆。很多教授什麼都不會做，連電腦都不會自己打開，需要太太幫他打開。（許先生）他那麼大年紀那麼早打電腦，很多人羨慕死了，他同年齡的人很多都放棄了。有了電腦以後，他立刻就學，每天來一個小朋友教他，一個人教一點，慢慢他就會了。他的個性就是不放棄，他不能縮手，為什麼年紀大就不能打電腦？他天生就是一個勞碌命，累心累力，可是你不讓他累心累力，那就不是他。所以我認清這一點以後，我不改變他，我也不去阻擋他，我能幫我就幫。我不能幫，我告訴他這個我幫不了忙，你也不能做，那咱們不做這個。

許知遠：我這次來匹茲堡，最重要的收穫是婚戀觀。

孫曼麗：如果你的伴侶不是你尊敬的，不是你關心的，不是你在乎的，你就不會有這個力量，所以一句話：要找對人。

（本文為孫曼麗接受許知遠採訪的記錄）

32

對話許倬雲：往裏走，安頓自己

2022 年 9 月 8 日，我與許倬雲先生進行了一場有著 12 小時時差的對談。許老師出生於 1930 年，如今已是 92 歲高齡。許先生出生即殘疾，手腳蜷縮不便，在日本侵略中國時期，經歷了近十年的逃亡生活，中學畢業後，1948 年遷移到中國臺灣。許老師總是直接指出現在全球性的現狀和問題，對於中國歷史是這樣說的：中國尊敬過去，注重延續，這是中國的好處，也是中國的缺陷。讓人醍醐灌頂。許先生是難得的歷史大家，雖然身體不便，但憑著自己的毅力與頑強，在思想上、精神上引領了我們的方向。今天的這場對談，他也一定會給我們帶來一場思想的盛宴。

俞敏洪：許先生好，睡覺休息得怎麼樣？

許倬雲：還好，馬馬虎虎。

俞敏洪：特別開心，您這兩年身體還很健康。您現在在哪兒？

許倬雲：我在匹茲堡，從我 1970 年過來教書開始就住在這裏了，到現在 50 多年了。

俞敏洪：許先生，在中國馬上就要到教師節和中秋節了，在這裏我代表我自己，向您致以教師節最誠摯的問候。您是全中國很多人的老師，很多人讀過您的書。

許倬雲：哪裏，我也藉這個機會，向俞先生以及其他的同行們致以問候。第一，中秋節大家千里共嬋娟，大家都好。第二，教師節是我們大家共有的節日，我對這個節日看得很重，因為我覺得你我這個行業是任重而道遠、不敢疏忽一分的。我們給予年輕人信心、鼓勵，提供一些幫助給他們，使年輕人可塑造成才，這個任務任重而道遠，差池不得。所以我這一輩子做教書這一行，小心翼翼，不敢有一點疏忽。所以在這裏，我也藉這個機會與同行們共勉，我們大家彼此有這樣一個節日，對我們來説既是獎勵，也是鞭策，我們大家共同守護好這個行業。

俞敏洪：特別感謝許先生。馬上也是中秋節，我代表我自己，也代表我的團隊，向許先生致以中秋節的節日問候，祝您身體健康，開心如意！願您繼續用您的學問、思想引領中國的知識分子，引領中國的年輕人繼續不斷探索這個世界的真相，並努力爭取創造一個更加美好的世界。也祝師母和您家人中秋節愉快！

許倬雲：謝謝，我們共同努力，但同時抓得一天好日子就慶賀一天。

俞敏洪：非常感謝許先生，以 90 多歲的高齡，還抽出時間來和我們講述您的人生故事以及您對世界和社會的看法。我想邀請您先和大家説幾句。

許倬雲：各位朋友們，今天很高興在這跨洋談話裏和大家交換一下意見。很快就是中秋節，這一天是全世界的中國人舉頭望明月的時刻，我希望人月俱圓，大家都過一個好節日。秋高氣爽的時候，多多享受天然的氣候，保持身體健康，好好過日子。

我們同行的、教書的同人們，我也祝大家有個愉快的教師節。自從孔子留下這個行業以後，幾千年來很多人走上這條路，我覺得我走這條路，無怨無悔，而且其樂融融。此外，我自己非常小心，這是個任重而道遠的工作，我們面對的群體是一群年輕人，他們一輩子的生活、想法、看法，一輩子做人的道理，一輩子學習的習慣，都由我們這個行業的同行幫助他們塑造。這個工作是世界上最偉大的工作之一，也是最有意義的工作之一。我向各位老師表示敬意。

我今年 92 歲。1957 年拿到碩士學位後，我就擔任講師了，從那時算起，到現在已經很長一段時間了。我鼓勵大家，也支持大家，好好地用這個行業，做我們能做到的事情。我向大家保證：從 1957 年到現在，我沒有懊悔過我的所作所為，我覺得這個行業我選對了。希望大家也一樣，都可以[illegible]這個行業[illegible]，謝謝各位！

[illegible]、用精神戰勝身體

俞敏洪：謝謝許先生。不光是您的學問、學術成就令人敬佩，而且您用親身實踐證明了，一個人即使身體不那麼健全，依然可以戰勝自己身體上的不便，並且用思想的強大來給社會的進步提供幫助和學識。可以說，您一生的思考和行動，為中國無數人，包括年輕人，也包括我（已經進入了 60 歲之後的人），提供了特別好的榜樣。有時候當我感覺

自己已經不再有毅力或者耐力做想做的事情時，我就會想起您來。

您因為從小就身體不便，在這個過程中，我相信您也一定有過很多絕望或者痛苦，但後來您確實戰勝了自己身體上的不便，走向了一個心靈、精神、思想的自由之路，並且用內心的光明點亮了很多人的內心。在中國，現在很多年輕人儘管身體非常健全，腦袋也很靈活，但他們卻不是那麼努力，或者說他們並沒有給自己賦予一種人生使命。我想請問先生，您是怎樣戰勝自己身體的不便，並且能夠堅持學習、堅持創造，最後能夠為中國人民，甚至是世界人民提供那麼多偉大的思想和偉大的著作？

許倬雲：你過獎了。我這是兵法上講的打背水戰，僅此一步，別無退路。我生下來就受如此限制，我自己家的兄弟、堂兄弟、表兄弟，大多數學習、研究的都是實驗室或者開刀這類的事情，不是工程師就是醫生，這兩個事情我都不能做，只剩下兩個眼睛能看，手都不大能寫，所以這讓我感到沒有其他路可走。到現在為止，我記得，周遭人除了若干人對我有意見，大家都對我非常好。家人對我視同其他兄弟姐妹，但當我面臨困境時他們一定會施以援手。

先父是一位博雅君子，讀書讀得好，知識廣博能教導人。他帶領我讀書，看報紙、聽新聞的時候，總是很有耐心地解釋給我聽——哪個事情的地理背景、歷史背景，哪個事情的重要性等，即使我才五六歲，他也覺得我可以聽懂。他看書，看宋代名臣奏議，往往朗誦古文。我聽不懂古文，他就用白話唸一遍給我聽，然後給我解釋是什麼意思。他不拿我當個小孩子，一開頭他就覺得我雖然是從零開始，但是他一直把我往上拎，拎著拎著拎習慣了，也就上去了。我父親是中國傳統的讀書人，又接受了英國紳士式的通識教育，他的中外知識都很廣博。

從知道人事開始，母親總是靜靜等在旁，看著我掙扎，隨時準備施以援手。只是她總盼望我能自己盡力，做到多少算多少——在我實在有困難時，她再拉一把、推一把；如果摔跤，馬上扶起來。我自己曉得她含著眼淚做這些事，她覺得生的孩子如此殘廢，她覺得很遺憾，也覺得歉疚。

家人如此，兄弟姐妹如此，到現在內人對我也是如此。她不辭辛勞，她做我的太太比別人家裏的太太困難多了，裏裏外外都要她來做。我碰到的老師教我分外努力，我常常提出問題，他們回答得很詳細。我碰到的幾位在中學和大學的老師，都特別培植我：他們常常感覺到我就是一個「無底洞」，東西往裏丟不會滿出來，他們就不斷往裏「丟東西」，如此「趕著鴨子上架」，大概我總是比同學們超前了一點，這就補償了我的手腳不便。

這讓我一輩子有了信心：只要去做，沒有做不到的，除非天生做不到，所以我就盡量維持這個想法。我有著人間的痛苦，想走走不動，想站站不起來，想拿拿不下來——明明有一塊餅放在桌上，我不能拿過來放在嘴巴裏；明明那邊有一隻狗在跑，我不能走過去看。這些讓我同情弱者，瞭解苦痛，所以背水一戰反而是我的福氣。

我寄語有困難的朋友們，上天讓你虧九分，他在別處補還你一些，可能補得不夠，但夠不夠要由你自己去補足。這是我的信念，成不成功我不知道，盡其力而為之。

我對你也坦白，你問我了，我就把我的經驗分享一下。我確實是對世人都有感恩之念。人生一輩子，我的道路也並不順暢，雖然有無緣無故嫉妒我的人，他們一上來就說：你是個殘廢，居然跑到我前面去了。這種遭遇我也認命了——天生趕上了「順風船」，該受些風波就受吧。

有人當面譏諷我，我就聽聽無所謂；有人背後罵我，反正我聽不見，跟我不相干。但我對弱者確實深知其苦。抗戰時期，人人受苦；我也因此知道什麼叫離散，什麼叫艱困，什麼叫饑餓，什麼叫死難。所以我對人生苦厄相當敏感，這也是驅趕我不要停腳的原因之一。

俞敏洪：謝謝，先生胸懷高潔、同情弱者，而且傳播知識。我想問您一個問題，因為我覺得您出於身體不方便，所以花很多時間和精力在閱讀和學習上，某種意義上有點像中國成語「失之東隅，收之桑榆」，在某種意義上是失去了一邊，又得到了另一邊。現在由於很多人要做的事情太多，注意力、精力被不斷分散掉了，反而沒法集中於對自己人生比較重要的事情上。我想問問，對您來説，或者對其他人來説，閱讀和學習這件事情對人的一生到底有多重要？

許倬雲：對我而説，除了吃喝睡覺以外，閱讀和學習就是唯一的工作，因此我的閱讀速度非常快。我從來不一個字一個字看書，我都是半頁半頁去看的。這個看法我想不是誰教我的，也不是練出來的——我肯定丟掉了許多東西，但也許「郢書燕説」、糊裏糊塗、粗枝大葉地看，就把人家沒講的話看出來了。例如，我看一本理論著作，所關注的並不僅是細節，更主要注意到大綱——做學術研究，見其大、見其微都有其重要性；只是我感覺，凡事抓大綱，大綱不離，細節差一點慢慢再學。所以，如此「粗枝大葉」的「吞咽」，使我不知不覺學會了注意「大刀闊斧」的方向。如此習慣，其實人人都可以自己悟到。

俞敏洪：現在先生每天還看書嗎？

許倬雲：我每天在電腦上看，因為手指不能翻書，也不能握書。在電腦上，我用兩個手指點點就可以看了。

俞敏洪：太值得人學習了。許先生您知道嗎？我跟您是老鄉，您是無錫的，我也是無錫的，我是在無錫江陰長大的。我想問，您在無錫一直待到中學畢業，無錫這個地方給您的人生帶來過什麼影響嗎？

許倬雲：影響非常大。首先，我讀書的輔仁中學是一個規模較小的中學，輔仁的校風中，總是脱不開「東林」兩個字。因為這裏的學生，幾乎一半是東林人物的子孫。過了我們小河再跨過去一條河、過去一條街就是東林書院，所以「東林」這兩個字對我們意義甚大。其次，我的同學感覺都是東南城二三十家人的子弟。輔仁中學，大概最初是幾個家族的私塾合而為一，擴大為中學。創校人物：李家、楊家、裘家、沈家的子弟，他們也就是學校的老師。所以，他們的文化水準遠遠超過一般所謂中學老師，因為教的是自己的子弟，他們特別用心。我感覺無錫人家家攀親帶眷，橫算直算，幾乎都有長期的親族關係。於我而言：無錫不只是家鄉，無錫是「真正的家」。這個「家」，教育我們、培養我們；我們也以當地的事務，當作自己的家務。

俞敏洪：對，我覺得家鄉不光是一個家的概念，還是一個文化的概念，因為或多或少家鄉的山水、江湖都能給我們帶來一些性格上或者思想上的浸潤，我後來發現您是從江南的水鄉走向了世界。

二、百年未有之大變局

俞敏洪：我從《萬古江河》中讀到了大歷史觀的新意，先生也是在大歷史觀中開了歷史研究的某種先河。讀《萬古江河》的時候，我有一個特別深的感覺，您很少談到帝王將相，談得更多的是一種文明的進步、文化的融合、族群之間的互相交融。而且您不專門去強調族群或者不同地域的文明衝突，更多是強調隨著時間的推移，各種各樣的融合，這讓我讀出一種感覺，就是整個歷史的進步，其實不是由帝王將相創造的，而是由老百姓在生存和謀生，在追求文化、追求心靈充實、追求精神發展的過程中不斷融合而創造出來的。

現在這個世界似乎又開始變成了撕裂狀態，比如中美博弈、俄烏衝突等，讓人感覺內心非常焦慮，我想請先生站在您歷史價值觀的角度，來講一講世界歷史發展的流變和方向，以及您看待當今的世界，您內心是樂觀的還是悲觀的？

許倬雲：簡而言之，我的歷史研究，為什麼注重一般平頭百姓的生活？這與我學習的過程有密切關係。我從臺大念書開始，到「中研院」史語所工作，蒙受很多老師的教誨與提攜。所以，我是臺大的學生，也是史語所的子弟。對我教誨最多的老師包括：考古學家李濟之先生、高去尋先生，古文字學家董作賓先生，民族學家芮逸夫先生和淩純聲先生。後來去美國讀博士，因此仍舊最注意考古學、人類學。我讀的是芝加哥大學東方研究所，主要研究中東兩河流域和埃及，那都是古代的考古。考古很難考出具體個人，考古學的資料都是石刀、銅斧這一類實存的器物；由這些古物及遺址，逐漸推論古人的生活和他們的文化淵源——凡此，躲不開社會、經濟這些學科。因此，在芝大時代，我學習的項目也就不外乎社會經濟學、考古學、人類學等等。而且我寄住於神學院的宿舍，近水樓臺，我對於幾個宗教的起源及發展，在和朋友、同學的日常來往中，又學到了宗教學方面的知識。那時候，我們晚上九點以後去浴室盥洗，這一過程中常常彼此辯論，有時甚至要過了午夜以後才能回到寢室。這種密集的討論，無意之中給了我宗教學方面的學習機會。也正是在此期間，我接觸到法國年鑒學派，以及德國學者們對於新教的解釋。從法國「大歷史」的角度，我才理解他們主張：變動最多的是自然，其次才是人群，最後才是社會上的大人、先生。「人」（尤其「個人」）在歷史研究潮流中，實在不過是大潮流中的泡沫。

此外，抗戰前我在長江頭長江尾，上上下下每年都跑一趟。因為從父親工作的地方回無錫過年過節，先是廈門，後是沙市。如此經歷，給我感覺：歷史如同江流不斷，變化無窮。所以，我以《萬古江河》為我一本著作的書名。我常常用流水為比喻，這也使得我注重「大潮流」，忽視「小細節」。歷史上的個人，其實不一定能牽動歷史，而是在歷史中被帶著逐波而去。楊貴妃的悲劇，確實可憐；可是，楊貴妃是歷史造成的悲劇，她並沒有力量拉動這一段歷史大悲劇。

俞敏洪：對的，楊貴妃對歷史的進程並不起到決定性的作用。這本書最後的結尾讓我心潮澎湃，您說世界所有的大河，長江、黃河、尼羅河、亞馬遜河、密西西比河，這些河流最後終會奔向大海，而大海中的水互相匯流，這就是人類文明互相匯流的一種方式，你中有我、我中有你，最後融為一體。我想我們每個人都希望有這樣一個大同世界，每個人可以有不同的文化背景、民族背景，甚至宗教背景，但人與人之間的相處總希望是自由的、豁達的，沒有真正國家邊界的，尤其是沒有衝突的世界是每個人心目中期待的世界，但現實世界中確實越來越割裂，我想問一下，在您看來，這種割裂，中美博弈、俄烏衝突，是大勢所趨中一個逆流的小浪花，還是人類文明走到今天就是會走向文明的衝突，最後又回到原來互相不理解甚至互相之間的戰爭狀態中去？

許倬雲：我的感覺是這樣：世界到 1980 年代，走的方向都是從散而聚、從分而合。那時有一個大的口號「世界是平的」，第二個口號「世界貿易」。美國花了很大力氣促成了世界貿易組織、世界經濟共同體的觀念，突破了邊界，許多關稅協定都是彼此免稅，我在歐洲旅行最大的感受，就是我走進歐洲那一天買的東西，要出歐洲的時候才交關稅，中間不用管，所以這使我感覺是慢慢走向這個方向的，但為什麼忽然來了一個逆轉呢？那個逆轉也有原因在。

美國扯的是「順風旗」，戰後至今已經七八十年。到現在，美國忽然反對全球化，只是因為對它無利。相對的，弱的國家：中、印以及過去的日、德，大家曾經互相合作，在交流中經濟成長；富而未必強，美國卻感到霸權受到了威脅——不是軍事霸權，而是經濟霸權受到威脅，經濟霸權由美元來掌握。

美國如此現實的「只佔便宜不賠本」，其實不夠大國風度。如今的美國，覺得自己提拔了其他國家；其實，美國長期享受低物價、高產量的順境。現在發現本來自己賺的錢，被更勤勞、更努力的競爭者賺取。這一國家，用四川江湖話來説：「輸不起！」美國強盛將近三百年，忽然發現旁人趕上來了，而自己居然掉了隊。歐洲傳統的民族主義是嫉妒的，傳統歐洲各國之間的交流也是爭霸，也是相互掠奪和彼此傷害。所以，美國忽然發現自己回到了「歐洲心態」，實在不能習慣。

美國的現況，頗類似當年中國的春秋戰國時代：春秋時代是交流的，「春秋五霸」彼此競爭，合下一盤棋，輸輸贏贏都在棋盤上；及至戰國時代，七雄之間就是你死我活的長期征伐。第一個回合，趙國承三晉之首的地位，曾經橫行一時；在七雄的時代，趙國敗於長平，被秦人坑殺降卒四十萬。如此情況繼續發展，秦、楚、齊以至於後來的吳越，每次較勁都是生死相拚，非要「滅此朝食」不可。

現在的世界，很類似那一階段的戰火「火拚」。戰後的俄國曾經強盛一時，然後自己垮了；中國在改革開放以後興起，一路迅速發展。美國見而生畏：其中還有一點，過去歐洲列強欺壓亞非，奪取美洲，都是白人佔了大便宜；在今天，各處過去的殖民地，有興有衰，但總體而論，所謂「南方」起來了——「南方」乃是針對在北方的歐洲而言，其中包括非洲、印度洋以及東南亞。這一大群過去仰白人鼻息的國家，今天幹勁十足，生產量不小。對於白人集團的首領美國而言，環顧四周，白人集團只有我這一家還可以站得住，英、法都垮掉了，德國撐不住，俄國說不上來。於是，現在白人世界的心理是：「南方」上來了，我們四面受敵；因此必須團結，壓制南方。這是今天美國真正的形態：它打算以霸主的身份，劫持其他白人國家，共同努力，壓制「南方」力量。天下事，哪能全如人意？這種如意算盤，其實都是當年一代一代霸主倒下來的覆轍。前車之覆，後車之鑒，中國自己應該警惕：要走全球化，必須按照公平原則，彼此「和氣地競爭」，這才是共存共榮的基本道理。

俞敏洪：從現在的現狀來看，您認為美國霸權在全世界還能持續下去嗎？緊接著就是美國的經濟問題，還有國內兩極分化的問題，它未來還有解決的希望嗎？我覺得特朗普肯定是開了一個特別壞的頭，但開了這個壞頭好像就收不住了。

許倬雲：我也擔心美國的問題一大把，而且積弊甚深，不是一天能解決的。如果只是一個狂妄總統，想要集權甚至於獨裁，那還可以止得住：內有國會，外有五十州，只要彼此結合、抵制一個總統，應該可以擋得住。

但是，美國本身內部的問題，甚至於更令人擔心。美國走「順風旗」走久了，總覺得天下事就該讓我稱心如意。當政者如此，覺得可以為所欲為；民間亦復如此，覺得應該享有自己的權利，只想到利己，不想到共存。這個國家當年建國時，教會的力量強大，在政權之外，有對於個人行為和欲望的節制。自從二戰以後，美國的教會力量居於兩個極端：在知識分子、北方的市民階層，他們覺得理性和民權，都應當節制我們的行為；然而，在實際的執行上，大多數的老百姓，都希望自己能夠得到所有應得之利益，不能得到，就是民權被藐視。這一想法，使得美國的個人主義高漲，人與人之間，社群的約束力都已經衰退，只剩了「孤獨的個人」。愈是自由分子，愈是覺得自己的權利不能放棄，但是很少想到別人的權利在哪裏？是不是因為我的權利，而相對的減少了它的權利？南方偏僻的各州，大篷車大眾教會的力量極大。那裏的牧師，就可以呼風喚雨，利用教眾圖謀私利；而教眾還以為，自己是在侍奉上帝，所以應該給予上帝的僕人應有的好處。這種大眾教會，在偏僻各州影響選票的能力極大。在這種情況下，偏僻各州沒有自決的人權，也沒有自決的自由，而是將其拱手讓給教會。以上這些問題，最令人擔憂處是美國沒有向心力，人人為己，不為別人，也不為公眾。一個龐大的國家，在這種不正常的情況下，「民主」二字，往往成為受人操縱、利用的工具。

三、中西方的融合與發展

俞敏洪：您最近出了一本書叫《許倬雲十日談》，這也是中國一些好學、好問的人，專門組織起來請您做了十次講座的內容。在這個講座中，您談了不少疫情之下中美關係的問題、美國發展問題還有世界經濟問題。我想專門問一個問題，當今世界經濟或多或少遇到了困難，而經濟遇到的困難原因之一就是國家與國家之間交流出現了障礙，當然也涉及大家對於經濟發輾轉型的不同看法，同時現在由經濟所帶來的世界性問題也越來越嚴重，您覺得面向未來，世界的經濟整體來說會不斷向好的方面發展，還是會面臨一個巨大的考驗，甚至發展成一個世界性的經濟危機或者貿易危機？此外，人類互相之間的相處之所以很難，不僅僅是因為政治制度不一樣，也因為大家的經濟利益和工作機會有時候被認為是互相剝奪了，所以帶來了互相之間的不理解，甚至有時候會有仇恨，您認為人類未來在經濟方面該怎麼解決這個問題呢？

許倬雲：你問的問題非常重要，很少有人能問到這麼重要的兩個方向。我個人感覺，經濟方面要分成兩個層面看：一個是生產，一個是消費。生產方面，300 年來世界生產的產品日益多樣，也一天比一天精美。相對而言，原材料及能源的消費也因為產品日多，而消耗越大。現在最令人擔心的，人類自己的慾望無窮，希望手上擁有的一切，不斷改善，也希望能源不斷地增加。現在最大的困難，在於大家都在這個地球之外，剝削這麼一個我們自己的「小行星」。天然資源就這麼一些，用得愈快，消耗愈多。不說別的，單以用水而言，美國的河流從上游流到出海，一路閘水供給消耗。河流入海處，本應該是最寬、最大的一條流水，而在美國，幾乎大多數河流的下游，幾乎就不見了。這種流水，用於灌溉、用於清洗，用於生產之中的各種用途。當年上個世紀的三十年代，美國人以能夠開發水利為傲；今天，那些水利系統大多已然作廢。在沒有水的情況之下，挖深井汲水，其後果則是人的需求與自然植被的需求爭奪。等到世界處處都是乾旱時，我們的日子怎麼過？美國連年森林大火，幾十萬傾的森林，一個秋季燒得精光。加州一個小一點的湖，都已經乾涸見底。這種天然資源的毀損，是由於人的貪心——無窮的貪念，消耗了有限的資源。此處，我只談水源的問題，同樣嚴重的問題是土壤。大田廣種，以巨大的耕耘機械深耕挖土；等到這一季的收成，又是大型的收割機割下收穫——兩次大機器滾一遍，沒有考慮土壤的飛散；因此，在美國最內陸，有些地方曾經幾十尺深的肥沃土壤，年年表土隨風而去，現在已經所剩無幾。於是，美國只好向別處購買糧食。這些浪費，都是因為好大喜功、貪得無厭造成的。

消費方面除了剛剛講的浪費以外，在社會結構方面，美國人總以為富有是上帝對自己的恩賜。而且，也是因為自己能夠賺錢，是自己的本領，別人不能批評。人人追逐財富，不惜利己而損人。

貧富不均造成的階級差別，造成了不公，這是自由經濟應該矯正的事情，到現在幾乎已經成為難以矯正的弊病。社會立法，經過自由主義或者社會公益的理想，往往設法以國家的法律，濟貧救窮。然而，這種法律做得更徹底，也有其反效果：例如，昨天有一位民主黨中最著重社會公平理想的老議員，他提出議案——每週工作三天，待遇如舊，使得窮人有休閒的日子。這一構想，其用心良苦；只是，這位桑德斯議員，平常我對他相當佩服，他在提出如此議案時，多多少少有點憤怒於富人的窮奢極慾；而窮人勞苦終日，勉強糊口。這一「義憤」，其後果則是生產者愈少，消費者愈多，國家經濟不會順暢。到了政府收不著稅的時候，窮人也不能得到足夠的社會救濟了。

社會救濟，是羅斯福總統新政以後，美國政治的主流理想。今天，確實在美國的日子，即使窮人也吃飯無慮、醫藥有人管，老人、嬰兒都有國家津貼。然而，福利制度可以養一批閒人，但不能補償窮困所致的一切。而且，政客們為了爭取選票，不斷在社會福利上增加支出；國家的收入，永遠不夠。這也到了惡性循環的階段。

以一個相當特殊的例子，說明上述對於社會福利的「誤用」。美國主張每個嬰兒都應該有國家津貼，尤其單親媽媽。假如以十五六歲可以生育計算，她到二十多歲，就有可能已經生了四五個小孩——這位無知少女，又帶領了一批無知少女，到三十多歲就可以做祖母了。對於如此家庭，國家基於人道以及保護兒童的人權，可以長期提供津貼維持他們的生活。如此眾多的無知少女，長期維持同樣的生活狀態，無妨計算：國家和社會，憑空多了多少負擔？這究竟是人道呢，還是濫用「人權」？或者是政客嘩眾？

今日美國要找到正確的道路，有很多方向需要去檢討、思考。今天的世界，不是只有市場經濟及計劃經濟兩途。「計劃經濟」如何「計劃」？如何「經濟」？值得各處人類共同討論和思考。

俞敏洪：最近世界的各種衝突，尤其是大國博弈，中國和美國的衝火，讓我感覺到西方做事的風格和方式，包括他們的世界觀和東方其實有很多不一樣的地方。比如，中國的文化通常是以人和群體為核心，西方好像更多是以上帝或者人與人之間的獨立為中心。我想問一下，在過去的一百年中，由於西方的科技和社會發展速度比較快，所以東方包括中國、日本還有其他國家學習和模仿西方的熱情是非常高的，但回過頭來看，發現西方對東方文化和東方文明中優秀的東西，似乎並不是那麼願意去學習和接納，可能是因為他們處在居高臨下的地位看東方。您覺得東西方文化和對於世界的態度，主要的不同點在什麼地方？未來東西方文化還有進一步融合和發展的可能嗎？

許倬雲：誠如先生剛才所說，這個差別我完全同意。東方是以群體作為起點，西方是以個人作為起點。西方個人主義從希臘到英國、美國，很清楚的脈絡，他們的悲劇、喜劇、文學、宗教，都是在這一條路上走。所以今天美國才會強調個人的自由。最近，大選將至，提出最為嚴重的問題之一，就是人類自己改變性別的自由——如此題目，居然成為大選中必定要討論重要項目之一。

我們身處的世界，是由大大小小各種網絡組成。這種網絡，就是中國傳統所謂「人倫之常」。在網絡之中，彼此相扶相助，互相合作：老有所依，幼有所長，鰥寡孤獨廢疾者皆有所養——這是中國《禮記．禮運大同篇》中的理想，也是人類社會希望實現的共同目標。

人人相助，人人得益的社群責任，一方面在我們自己，千萬不要丟棄如此理想。另一方面，我們何不也向世界其他地區的人類社會，提醒他們：中國歷史上有過如此理想，而且歷來的政治都多多少少，要努力做到若干地步的社群安定。

俞敏洪：謝謝，許先生在過去幾十年間，把中國文化和中國文化的內涵，包括東方文化內涵引介到西方去，做出了巨大的貢獻，教過千百萬學生，您的著述也讓無數的西方學者、精英閱讀，您剛才提到的《中國文化的精神》就是其中一本，這本書我也讀過。其實中國人自己也不太理解中國文化的精神到底有哪些，有哪些主要特點。好像到今天，依然有一些文化特點和精神對中國人民的凝聚和中華民族的發展起到了比較大的作用。其實我從先生身上能看到中國文化精神內核、內涵的凝聚點，您實際是一個活著的中國文化精神和內涵的代表。我想問一下，您認為中華民族優秀的精神特質或者品德到底是什麼？未來中國人應該怎樣保持這些品德和特質？並且用這樣的品德和特質起到和世界連接的作用，讓世界更加能夠和中國相融並共同發展？

許倬雲：我們要界劃「民族」和「文化」兩個不同的觀念：「民族」這兩個字，牽扯到一種體質特徵的生理反應；「文化」是建構而得的價值觀念、生活形態等等——文化可以是普世性的，是可以彼此學習，也可以不斷建構自己的理想。但是，我不贊成人種優秀論。每種族群都有人會生病，甚至有人會發瘋，勞累時同樣會感覺疲倦。只是，中國人的想法，如上所說，是希望人人都過一個起碼有保障的日子。這種「保障」不僅是政府的法律和社會救助體系，也應該是民間自動自發的互助精神，以濟法律之不足：畢竟，國家的力量比較強大；而且一國之內，應當對所有窮而無告者，都有救濟。因此，善人的好事，遠遠不如國家的良法對人有益。

俞敏洪：當今的中國還能從西方世界中學到什麼？

許倬雲：第一，西方人「動手」的功夫比中國人強。中國的士大夫以用腦為主，大多數不知道怎麼「動手」。第二，西方的知識分子喜歡盤問到底，不習慣馬馬虎虎。第三，由於他們信仰獨神教，信仰是要對神學有相當清楚的認識，並不只是磕頭了事，他們要懂得每一件事情為何在教條裏可以做？又為什麼不可以做？以上這些情況，多少與西方知識分子是田莊主人、部落戰士或海商經營者有關——他們要吃「人間煙火色」，中國的士大夫「閉門不聞窗外事，一心唯讀聖賢書」。因此，西方的社會中堅分子，一般言之，很關心實際事物，不是死讀書、寫「八股文」可以交代的。

也是由於他們信仰的一神教，西方人對於什麼事情都希望尋根究底追到根。我們可以指責他們：西方最後的根是上帝這一假設的「眾因之因」。而中國的士大夫在一切都可以變成科舉功名為主的時候，前面「打破沙鍋問到底」的一部分沒有了，只剩下按照規矩頌聖頌賢。

當前的中國，面對升學壓力，而且普遍認為：學歷、學位是最靠得住的上升途徑。於是，他們並不追究學問是「為什麼」，而只是習慣一路背誦到底、追求準確答案。我講一件事，不知道你們會不會笑話：臺灣一些中學老師，在升學壓力下，甚至於要求學生背誦數學難題的解答。這種讀書以背誦、背誦為考試、考試為「上進」、「上進」為前途的狀況，海峽兩岸都存在。中國傳統士大夫的如此壞習慣，大概明清以來的科舉就是背誦，如此積弊延續至今。明末清初的個別大學問家，乃是反叛者。

此外，中國人重人情，親戚、故舊、朋友都有互相幫忙的義務。這種小圈子互相幫忙的習氣，就將讀書上進的本體拋在一邊，只想著找關係、走門路。這種習慣，清朝以來愈到晚期愈是顯著。像湖湘學派、江南文風注重淑世應用、注重思考的學風，並非全國都能見到。因此，現在的一些風氣，是積累了三百年來的陋習。若你問我要如何改革如此陋習，我還真說不出辦法來，因為社會大環境是個「大染缸」。我們要改革陋習，就從自己開始，從自己家庭的子女開始，從自己門牆的學生開始。

四、往裏走，安頓自己

俞敏洪：您在另外一本書《往裏走，安頓自己》裏專門講到，其實不是每個人都有無窮無盡的經濟財富或者社會地位，但是人在生活中總要安頓自己，讓自己有一個心靈的安寧、精神的富足，並且您還專門說了「全世界人類曾經走過的路，都算是我走過的路」，我大概的理解是，全世界人類犯過的錯誤，原則上到我這兒不應該再犯，因為已經有了前車之鑒，全世界走過的優秀道路，我們都可以借鑒，讓我們不管是社會還是個人都能走得更好。我想請先生談一下，面對現在這樣一個焦慮、浮躁的社會，尤其是在中國年輕人中，這種焦慮、浮躁或者說迷茫非常嚴重，一個人如何才能往裏走，安頓自己？

許倬雲：這是一個很重要的問題。每個地方的人都有迷茫之處，自古已然，只是目前多少年來累積的迷茫習氣，於今為甚。我說的「往裏走」，因為中國上百年來，即使國家的大環境逐漸改好，但是舊日大環境造成的習氣，仍舊壓在一般老百姓的肩頭。如何培養每一個人自己堅定的信念，不要以為世俗的榮華富貴就是「上進」。我們要學習，是學習「不迷糊」，是學習撐得住自己的骨氣。有了這兩項的堅持，我想大家就可以比較不會陷入同流合污的習性。

其實這個時代，不但年輕人迷茫，甚至於長者們也以為教導他們的孩子，順著潮流同流合污。負責的社會，一切變動非常迅速。而在一個金錢掛帥的社會，近利短利，常常是人家真正注意之處。我們要記得：教會一個孩子，一輩子乾乾淨淨，並不是容易做的事。但請想想：如果一個孩子真正能做到，挺得住背脊，抵抗得住虛名浮利，有如此的孩子，是值得安慰的事。孩子如果有你這種父母，是他們一輩子的幸福。

我常講的「往裏看」，就是往自己心裏看。我心裏應該有桿秤，有一把尺：什麼是對錯，什麼是是非，你心裏都應有一個自己照鏡子的反省，看看自己一輩子做得對不對。比如某個強烈的慾望催著我去賺錢，或推著我去追求升遷，這就是急功近利。但是，如此的慾望是必需的嗎？此外，有時候你會覺得委屈，是否能回頭想想：你的乾淨的身心，比起你在世俗中的成功，哪個重要？

如果心裏有委屈，我們能不能在文學、藝術、歷史等等之中，在那裏找到一些值得欣賞之處？哪兩句詩句，你覺得能夠幫你擴大心胸？能夠引導你因欣賞日落日出，而懂得潮生潮退。這就是一種天然的心理治療方法。在此中，你可以有一番自己安頓身份的天地。如果靠賭博、酗酒或者狂歡，作為你逃避的天地，那只是火上澆油，解決不了問題，反而更增加問題。

俞敏洪：有道理的。西方人自我中心意識是非常強烈的，倒是中國人謙虛、往後退、無我狀態反而更多。當然也有很多中國人對於名利的追求到了一種狂妄的地步，但整體上中國老百姓還是比較謙卑地看待自己的生活，這是我的感覺。

許倬雲：對，我同意你，我們寫信叫「鄙人」。

俞敏洪：國王或者皇帝還要稱「寡人」。

許倬雲：我想你問的問題很「到點」。這就是我們中國的文化，希望人人心有所歸屬。我一直鼓勵大家注意生活之中，有一個自己所歸屬的群體網絡。但每一個人的歸屬並不只限於一個網絡，網絡有層次、有大小，我們自己也應該量力而行。而且，在眾多交錯網絡之中，我常常發現有一個被忽略的網絡：其中等待著別人帶給他們友誼，帶給他們幫助，也願意互相協助，互相砥礪。

俞敏洪：這種變化主要是來自人心的變化，自我願意去轉換，尤其是對於一個人，想要往裏走，要安頓自己，如果他自己迷途不返或者不願意轉化，那這個轉化實際是不可能完成的，對不對？

許倬雲：所以，教育工作是非常重要的大事業。每門學科裏面，都可以將上述一些觀念，融合於教學和帶領子弟。對於年輕人而言，父兄有義務要時時刻刻幫助年輕人，解除他們的困惑，分擔他們的憂慮。這種態度，不是職業，是生活。誰無子弟？誰都願意看見自己的子弟在外面，也有其他的長者願意分擔他們的困惑、憂慮和寂寞。

五、尾聲

俞敏洪：許先生近幾年出版的書籍越來越面向大眾閱讀。您是一個學者，本來應該是寫充滿學術味道的學術著作，但現在我讀您的文字，感到您越來越面向大眾，語言也越來越透明簡單，而且越來越關注人類面向未來的共同命運。您最初寫《西周史》的時候還是專門的史學著作，到《萬古江河》的時候，我覺得就是一本大歷史的通俗讀物。我覺得您作為一個學者，對於這樣一種轉變一定是有思考的，您是基於什麼樣的思考，在最近這十幾年的過程中轉變成了現在這樣的寫作態度？是基於一種什麼樣的責任感或者使命感？

許倬雲：我覺得世界的變化，尤其今日美國正在經歷內部的衰退和巽化，使我警覺整個世界似乎都在走向危機：「盲人瞎馬，夜半深池」，這是多麼令人憂慮、擔心的現狀。美國在今日世界終究是一個重要的國家，如果分崩離析，海面上一艘大船沉沒，帶動的漩渦，會將附近其他小船拉入自己也無法超越的困境。所以十多年前開始，我已經感覺整個世界正在經歷危機。可是大多數的人，並不注意這種困境。大家還在惴惴惶惶，自己不知謹慎，也不注意其他地方正在經歷的困難。所以我在八十歲前後，決定將自己所見所聞，交代給大眾，尤其注意提醒中國同胞：美國不是「理想樂土」，美國也有盛衰，也有興亡。將近三百年的美國，已經走到日薄西山的時候，許多累積的痼疾正在惡化或顯現成災。

所以我將系統的反省，呈現於拙著「許倬雲說歷史」系列，最近出了新版名為「文明三書」；此外，我還寫了《許倬雲說美國》一書，對當前美國的問題作全盤而系統的解析。我的目的只是提醒大家：不要只見

「他山之好」，其實「他山」本身已經在潰敗。

至於《萬古江河》，是我希望為大眾寫的中國歷史。一方面，大學中的教科書，常常只是專業論文的合集，對於一般讀者，不見得合適；我的這種通俗式寫法，卻是將歷史變化的大綱大節，介紹給讀者。讀中國歷史不是為了「愛國」而已，我們要真正懂得自己，第一步就是懂得自己生長環境的過去，然後我們才能夠從「知己」再延伸為「知彼」。

俞敏洪：有很多學者一輩子被圈在自己的學問裏面。我覺得學問要起到的是教化民眾、教化社會、推動社會進步的作用，但很多學者圈在自己的小圈子裏，並沒有做到這一點。您不光做到了，而且確實對推動人類的互相理解、社會進步起到了巨大的作用。我覺得您一直是一個特別有良知的優秀學者和知識分子。先生今年已經高壽 92 歲了，但思維非常敏捷、充滿活力，請問先生後續還有什麼樣的寫作打算嗎？

許倬雲：那就要看我還能有多少歲月。說老實話，我的身體外表看著不錯，其實「老牛破車」，平日度日都有許多困難，隨時需要幫助。這個「破架子」，能撐多久，很難預知。「做一天和尚撞一天鐘」，只要我能自己撐幾天，就做幾天活兒。到了實在做不動的時候，我不戀棧。

俞敏洪：這也是您個人的格局，超前的眼光、思想的活躍，才使您即使到了這麼高齡的時候，依然能夠用創新的眼光或者說是一種變化的眼光來看待這個世界，同時看待自己。一般人從小身體就這樣不好，也許早就放棄了，但先生到今天為止依然心情愉快、思維活躍，即使您在如此情況下，依然願意花一個多小時跟我分享您的觀點、思想。我想問先生，一個人怎麼才能保持這樣樂觀面對困境，並且超越自己的態度或者性格？

許倬雲：因為我在探索的東西、我探索的途徑，並不因身體缺陷而有限制，我用的是腦細胞。同時今天能有機會跟先生你交換意見，我也從你那兒學過來很多東西了。

俞敏洪：我是沒有什麼有價值的東西可以跟先生分享，但很願意為先生提供服務。您的書我全有，《現代文明的成壞》《說中國》《中國文化的精神》都在這兒，這些書我全讀過，所以今天能跟您對談，讓我感覺無比榮幸，也非常忐忑不安，因為我覺得我是一個沒有什麼學問的人，能跟您這樣的大家對談讓我感覺內心很緊張，但今天談完以後，真的從先生身上學到太多東西。我原來在北大，一些教授跟先生差不多，比如去年剛剛去世的許淵沖老師，就是我在大學時候的翻譯老師，還有我們原來的系主任、我的論文導師李賦寧老師，也都是像您這樣高風亮節的先生。我覺得您在您的文字中提到的在臺大讀書時的一些大學者，當時他們都是在西南聯大或者抗戰時候的著名學者，從您身上我也能看到這些學者風範的傳承，您可以說完美傳承了這些中國優秀學者的風範，並且真的是為人類思想的豐富和發展起到了巨大的作用。

許倬雲：今天很榮幸跟您交換意見，我將來即使不一定能飛來飛去，但這種線上談話還是可以安排的。

俞敏洪：好的，特別謝謝。也感謝當今世界有互聯網，讓我們遠隔萬里，還能看到先生的這種風範和氣度。今天對談了一個半小時，我也不敢再叨擾許先生了，祝先生身體健康、萬事如意、心情愉快！

許倬雲：謝謝，我很高興這次談話，謝謝。

俞敏洪：我也非常高興，感謝感謝！

（對談於 2022 年 9 月 8 日，許倬雲改訂於 2024 年 3 月 21 日）

《秋瑾故居》，水墨設色紙本，68cm × 137.4cm

每個地方的人都有迷茫之處，自古已然，

只是目前多少年來累積的迷茫習氣，於今為甚。

33

為什麼中國文化能維持到今天？

主席許嘉璐先生，嶽麓書院主持大典的各位同人，各位來賓：

今天在此參加大典是我的榮幸，尤其因為大典的一個項目是嶽麓書院委員會送我的一個榮銜，認可我的終身成就。成就不敢當，至少認可了我終生的努力。對於這個榮銜，我很高興，也很惶恐。這種最高的榮銜，在任何人看來，不僅是榮譽而已，也是一個鞭策。

人到了這個地步，假如不能更進步，至少不能掉下來。我如今九十歲，維持身體的功能已經不容易了，能在學習上面保持不斷進步，是非常難的事情。承蒙各位給我的認可，我惶恐之餘，必須繼續努力。這一點是對自己的承諾，也是對自己的鞭策。我現在希望在閉眼的時候，大家知道許倬雲得到這麼大的榮譽，他沒有愧對大家的期望，他至少努力了。

中國文化是我們大家共同關心的事情，這個大會也是為了中國文化的繼續，以及中國文化的繼長增高，大家做過共同的努力。這是非常偉大的事業，也是不容易做到的。

中國文化從原始農業開始，經過近一萬年的努力，起起伏伏，顛顛簸簸，也不是沒有經過災難，居然能夠存留下來，而且還在繼長增高。在世界文化圈裏，中國文化還保持著人數最多、歷史不間斷時間最長的地位，而且內容不斷增加、改變、豐富，這個紀錄世界上不容易有。在我看來只有猶太文化堪比。

西洋的基督文化時間短得多，而且內容非常複雜，並不一致，還分了許多派別。猶太文化內容單純，時間長久。兩千年前亡國，各族分散的眾人能夠維持文化延綿不絕，而且到今天仍有活力，還能使猶太民族在各個族群中扮演重要角色。在我們看來，真正能夠和中國文化價值相比的猶太文化是我們可以取經的對象。

猶太人在一切條件都不方便的時候，沒有國家，沒有地盤，而他們能夠維持自己的文化，還能繼續培養他們的人才。主要由於不論身居何處，猶太人都不斷努力，共同思考，怎麼在舊的基礎上修正和改進。而我們有廣土，有眾民，我們的文化、文明能維持是很自然的事情。但是在近一兩百年來，經過屢次的喪敗，中國文化如何能夠重新站起來，取得繼續增長的活力，這是我們所有人最關心的事。

尤其在今天，為什麼中國文化還能維持？

第一，中國文化的基底是廣大的地盤，比世界任何一個文化地盤都大。

第二，人類存續的時間很長，從兩河開始的源頭，一直到中間不斷吸收各種因素，如希臘、羅馬等因素，到以西方基督文化為主流，再發展到以社會經濟為主流，以科技為手段的近代文化。今天世界上主要的大國關係中，中國文化最重要的共同奮鬥的夥伴和互相砥礪的對手，只有西方文化。中國面臨喪敗之餘，能夠站起來，重新整頓自己，居然能走到今天的地步，已經不容易。今後走向世界共同文化的途徑上，我們面臨的問題很多。

第一，我們怎麼在強勢的西方壓力之下，繼續維持活力，而不是被拉著走？

第二，在維持活力中，怎麼才能夠在未來世界文化中扮演一個重要的角色？

這個課題不但是我們今天要面臨的重要挑戰，往後幾百年仍然要面臨。

西方文明的強勢地位是非常牢固的，尤其西方文化掌握了最重要的科學技術這部分。中華文明在這個方面起步比較晚，如何將這部分融入中國既有的人文社會文化中，使得我們更能夠做世界文化中重要的成分，這個是我們今天要開始想，而且往後要繼續想的問題。

今天的大會恰好在美國大選之後。這次大選是我在六十年來看到的大選中，牽扯最多，分裂最盛，現象最複雜的，也是參與人數對決最厲害的，幾乎是一半站左邊，一半站右邊。在這種情況下，西方文化的龍頭——美國可以說面臨著內部嚴重分裂的危機。

守舊的勢力、固執的勢力、自我膨脹的龐大勢力，如此強大。在這四年來，幾乎要將現代文明的產品——美國拉回至少二百年，拉回到它的立國階段。

第三，在世界文明當前階段，美國如何擔任領頭羊？它會不會退縮下來，拿其他文明當作美國文明的附庸，不願意與其他文明共同締造世界文明？這個大的課題，在這次選舉，也就是（2020 年）11 月 6 日的早上還沒有得出最後的「成果」。

這個嚴峻的局面使得我們必須認真想想，我們進入這個競爭，不是為了讓中國文明當世界的主導者，而是在世界文明之中，如何能夠公平參與，與其他文明的成員共同努力，締造一個真正屬於人類的文明系統。我們是入局還是出局，要看這次大選。希望美國可以回歸主流，希望邪惡的部分可以出局——它們的強大，出乎我的意料。

在如此嚴峻的局面下，我們中國人，不管身處海內外，不管政治理想、認同的對象，共同任務都是為了中國、為了世界、為了人類，我們中國必須保持文明的活力。

我們文明的活力能維持幾千年的原因，是我們在乎自我修正，在乎採納眾流。選擇好的加進來，比如南亞的印度文明，我們從中吸收不少。南亞抽象的宗教觀念，以及數學、天文和醫藥，對我們的刺激和幫助是非常重要的。第二階段是西方文明對我們的打擊，讓我們警覺，我們承受了它們的壓力，也承受了它們給我們的因素，使我們變得更複雜，更完備，能夠逐漸適應現代的世界

將來我們以這個趨勢一直走下去，以開放的胸襟和懷抱，使自己努力進步，使我們的文明更加周全，有更多增長的餘地，內容更加豐富。在締造全人類文明的過程中，中國人有資格說，我們出了一份力，我們努力了。這是我今天想為各位提出的請願。

今天在座的各位，都是學術界的精英，這個任務必須全國學術界和文化界共同擔起。學術界做研討工作，文化界做推廣工作，使這個文明系統永久常青，而且影響深遠。這是我對各位的呼籲。我們的主席許先生，他研究的課題是語文，但他研究的時代跟我差不多，都是從古代開始，我對他的著作非常佩服。我相信，不僅是許先生，更是嶽麓書院

這個大的組織，將會把擔任了一千多年的工作繼續擔任下去。希望許嘉璐先生能夠在其他各個領域，幫我們贏得文化界、學術界的助力，把「中華文明參與世界」這個任務推廣出去，使其成為全中國共同努力的方向。

這是我今天的報告。

我感謝各位，也感覺戰戰兢兢。我希望在餘下的歲月裏，我每天多學一點，即使慢了、少了，但我可以繼續一步步來。到最後可以跟各位嶽麓書院的同人講：許倬雲盡了力了，他放假了。

（本文為許倬雲先生獲第四屆全球華人國學大典「終身成就獎」的致辭）

34

疫情之下的中美和世界

2020 年是一個非常特別的年份，當然每個年份都有些事發生。今年的事特別多，我在美國感受特別深。

第一件事是疫情的發生。想想看，我們人類歷史上出現過很多次疫情。漢朝歷史上就暴發過大疫情，歐洲歷史上也有過大疫情。漢朝的大疫情大概在兩漢之間出現過一次，還有一次是暴發於東漢末年到三國時期。那些時候中國有五六千萬人口，受到傷害的人口至少一千萬，疫情波及的範圍很廣。今天這個世界有七十多億人口，假如用同樣的比例來算，那後果不堪設想。我盼望不會有那麼壞的情形發生。

全球暴發的疫情，也給了我們一個警示：我們人類開拓自然，不斷以人類近現代世界的技術、工具，侵入還沒有開拓的自然世界。從時間上看，這兩個世界距離太遙遠，時間隔絕了兩個不同的環境。於是，可能我們正在承受過度開發自然的後果——我們侵犯了另外一個不應該侵犯的世界，造成了今天的疫情。這次疫情還未結束，我們不知道會持續多久。面對這次疫情我們不能掉以輕心，說不定會衍生出我們意想不到的大災害。

現在控制病毒的方式是注射疫苗，讓人體自身產生出抗體。雖然這個藥出來了，但有多大效果我們不知道。災害之下的世界局面會不會變？病毒會不會產生突變？我們也不知道。

所以這次的疫情，絕對給我們一個警示。我們人類開發世界似乎永無止境，生怕自己力量不夠強大。最後一片真正的大型原始森林在南美洲，這片熱帶雨林也在逐漸消失。對中國國內而言，像雲貴地區一片片小型的原始森林，如果我們將其都開發的話，不知道會碰到什麼災害。所以，我們必須很警惕、很警醒，不要掉以輕心。

這次中國處理疫情的方式——封城，當時有人覺得過分，現在想想這個封城政策是對的。等於是火災發生時候，限制它的波及範圍。而美國的做法則完全不同，前總統特朗普對疫情不注意、不了解，口頭上說要管，實際除了亂罵人之外，幾乎什麼都沒做。美國耽誤了三五個月的時間，到今天美國已經成為受疫情影響最大的國家。

拿中國處理疫情的經驗和美國對比：中國是管理，美國是「政治化」。美國犯下了「把防控病毒當作政治口號」的極大錯誤。

身在美國，其實從四年前開始，特朗普的所作所為，一年比一年更加引起我們的擔憂。他是一個嘩眾取寵的人，是脫口秀表演的名人，講話不負責任，經常胡言亂語。總統胡言亂語、無所作為或者做錯事，都會給國家造成極大危害。美國這個社會，自由是極自由，言論極度自由，但相對講起來，嘩眾取寵的人在極度自由的環境之中無所不用其極。他們會利用這個環境謀私利，語不驚人死不休。這個問題我的理解是：自由言論和胡言亂語的放肆妄為，是兩件事情。我們不能容許類似特朗普這樣的事情繼續發生。

特朗普不承認失敗，更讓我們吃驚的是，選舉時還有七千多萬票投了他。現在他已經失敗了，那些投他票的人還繼續擁護他。我們擔心他所產生的後遺症，會繼續下去。這個就叫人非常擔心：一個全世界最大的民主政體，至今為止，雖然這個政體顛顛簸簸，曾經犯下許多錯誤，國家內部也曾經爆發內戰和許多衝突，但現在這個民主政體本身面臨的危機前所未有。因為一國總統居然借著自由的名義，對國家不負責任。這個政治體制雖然民主卻沒經過仔細思考，也沒有很好的程序來覆核。自由民主的環境，沒有約束、沒有紀律、沒有反省、沒有思考的話，災害是很大的。

受到這次教訓以後，我們要防止類似的情形再發生。特朗普現在做的事情，在古希臘思想家柏拉圖當年講的五種政治形態中，是最壞的一種，叫「autocracy」，等於獨裁專制。他可以無所不用其極，為了保持擁有的這一切可以封殺輿論，限制行動，甚至抓人下牢。在一個號稱「極度民主」的國家裏居然出現獨裁，使我們有個警惕，那就是，獨裁專制可能出現在世界上任何地方。而且這種情況一旦走進去，拔出來要花很大力氣。所以，特朗普時代的後遺症，將來是否出現？我們不知道，出現多少我們也不知道。支持特朗普的這些人，主要是勞工和低收入人群。工業生產高度科學化以後，這些當年靠勞力的工人已經沒有用處了，靠手藝來控制工具的人也沒有用武之地。這些人不僅沒有機會上升，甚至連日子都過不下去了。這麼一批對社會本來有用的人，雖然他們生活比較艱苦，待遇比較差，但當年他們是生產體裏的一部分，也是有機的社會體裏有用的一部分。將來工業生產進一步高度自動化之後，還有更多類似的人失業，被拋棄。將來怎麼辦？這也是個令人擔憂的事情。

第二件事情是特朗普強調美國民族主義，強調美國要重新回到第一，回到霸主的位置。霸主是輪流做的，天下沒有永遠的霸主。羅馬帝國一開始就實行霸權，到帝國晚期黎民群眾分散，社會分裂，軍人專政，軍人將國家瓜分，進而紛紛獨立。羅馬帝國因擋不住蠻夷的入侵而覆亡，歐洲從此長期陷入混亂無序。教廷建立的秩序是宗教秩序，不是治理國家的政治秩序。從那時候開始到今天，民族群體構成的國家在歐洲紛紛出現，「民族國家」替代了「天下國家」理念。「天下國家」是大家可以在同一個政治制度之下生活，廣土眾民能夠少些內在的衝突。可能外面依然會面臨侵略，但是內在衝突可以減少很多。中國歷代皇帝就用一套文官管理體系治理國家，可以做到廣土眾民，大家都有基本的小康生活。如果繼續分裂為許多民族國家各自爭鬥的話，就回到歐洲的近古、中古時代。連年不斷的戰亂，連年不斷的勝利者壓覆失敗者，這個也是人類自身造成的災害，是一個很悲慘的局面。

想想看，如果今天自由民主國家回到民族國家互相衝突鬥爭的時候，怎麼辦？

在最近幾年，尤其是去年和前年，美國開始拿已經成形、發展順暢的世界市場開刀，全球市場化，互通有無、分工合作的格局被打亂。美國退出許多國際合作的組織，使大家無所適從。因為美元是世界貨幣，美國以為自己可以做莊家，莊家可以永遠是贏家，這是不行的。只有在世界秩序下全球市場靈活運轉，大家才能均沾其利、共存共榮。

所以這四年來，尤其最近兩年來的美國，我們看見了兩個越來越明顯的現象：一個是特朗普政府趨向於專制，一個是日益高漲的民族主義。這兩個現象可以轉化為善，也可以發展為惡，發展為惡的可能性要大得多，這種情況我們非常擔憂。

但我們想想，有什麼讓人興奮的地方？美國的民主政治制度居然把特朗普拉下台了。在這時候，他的黨羽都無法庇護他。他拚命糾集黨羽抵抗這民主制度應有的秩序，終於還是不得不下台。他最後的結局，讓我想到金庸小説《天龍八部》裏的慕容復。慕容復為了當皇帝做了很多不好的事，到最後導致的是自身的瘋狂。他自以為稱王稱帝，坐在野外的地上，給孩子一人一顆糖——你們向我叩拜，説「陛下萬歲」。到這個局面，我們替他覺得可憐，但這種可憐不足惜。

當然，我們永遠要以他的情形作為警戒。在任何制度之下，都不可以讓特朗普這種做法發生。

從好的方面看，這一年量子力學的研究取得了一個成就，就是對量子宇宙的認識。當年相對論或牛頓力學框架下的宇宙，都是人類的假設。到現在我們只能以片段、很小一部分進行證實。現在看來，量子宇宙中的粒子，不是我們理想中的粒子。它是有向量、有維度的，也就是就這個粒子並不是最小的單位，粒子裏有太多太多分裂的細節。從此，我們對量子宇宙的理解更深一步，讓我們更加瞠然無言。我們發現：宇宙被一重一重宇宙包裹。我們身處多大的宇宙中？我們所置身的世界，可能是極大無邊宇宙的一個粒子裏襛的小東西。等於在茫茫的太平洋上，我們可能是身處於一粒沙子破開後的一個異常微小的東西裏面。

這個可以使我們人類減輕一些牛頓力學發現後，產生的過於強大的自信心與驕傲。回到佛家對我們的啟示，《華嚴經》裏説：無窮的宇宙一層層堆疊，可能一粒沙裏面一個世界，一個俄頃裏面千年萬年，一個俄頃就是萬古。佛經裏還説，喜馬拉雅山附近的須彌山，可以藏在一個砂礫裏。這可以幫我們慢慢延伸出一個謙卑和自我約束的形態。不要説我們是地球的主人，地球是非常小的星球，我們自己是非常渺小的個體。我們應心存謙卑，心存警惕。

最近中國發射出去的嫦娥五號探測器[1]，在月亮上挖了土，運回來了，並且還順利降落在內蒙古的預定位置。這很好，這麼精準的回收表示人類對太空探測技術的掌握到了相當高的地步。從一二十年前的「啪嗒」一下掉到海裏，把它撈起來，到現在能夠直接降落在陸地上的預定位置，這表明我們的技術越來越精準，進步越來越大。

但不要忘記，月球只是地球的一個衛星。地球到月球的距離其實非常短。在廣大太空裏，太陽系是星河裏一個很小的部分。在眾星密集的銀河，太陽系只佔很小一塊。在太陽系裏，地球只不過是一個小衛星，月球更只是地球的小衛星。用海洋來比喻我們的登月，等於一隻小海蟲，在沙灘邊的淺灣裏，在一塊大石頭和小石頭間跳了一跳。我們一則可喜，同時也要警惕自己。我們有太大的宇宙、太久的過去、太長的未來，無論是時間上還是空間上，都不能說我們已經掌握了宇宙或我們自己。

尤其在近百年來，西方文明霸佔了全世界。西方人尤其以信仰上帝為理由，認為上帝對他們有特別的恩寵。西方人不好直接說「上帝對白人有特別的恩寵」，所以說「上帝對人有特別的恩寵」。其實，上帝在哪裏呢？人在哪裏呢？地球上七十多億人，其實也只是許許多多生物中的一種。人類從南方大猿演化到今天，也就經歷了幾十萬年而已。我們在別處可能會找到無窮數的地球，無窮數的生物在演化。從南方大猿到今天，我們說我們是有智慧的「homo sapiens」（智人），猴子和我們差距很

---

[1] 長征五號遙五運載火箭搭載嫦娥五號探測器於 2020 年 11 月 24 日在中國文昌航天發射場發射升空，同年 12 月 17 日在內蒙古四子王旗預定區域安全著陸。

大。想想看，猴子從雙手解放、兩腳站直到腦子夠用，也不過是幾十萬年前開始的。宇宙有多大？地球有多大？生物體系有多大？我們其實只走了太短的一段，我們不能驕傲，不能過度自信。

這就談到宗教信仰，對任何宗教信仰都是好事情。但宗教信仰裏有一個地方——「我是獨特蒙恩的」這個信念——非常壞。為什麼上帝對你「獨特蒙恩」？沒有這個道理。假如上帝是公平的，不但所有人應該「蒙恩」，所有生物都應該「蒙恩」。上帝若是公平的話，為什麼創造人又創造災害？創造生又創造死？宇宙之間是不是有主宰人類命運的意旨，我們真的不知道。但是我們可以心存謙虛，做好手邊的事，不要追求太過分的工藝上的成就，自大自滿，過度放縱。

這是我個人在新年的時候，向各位恭賀新年，希望明年更好。我也希望過去的災害慢慢變成遙遠的回憶，大家可以忘掉它。另外，讓我們一起歡迎未來。我到今天已經活了九十歲，活得越老越是心驚膽戰，看見人類犯下的錯誤如此多。宇宙有無窮的向度、無窮的維度。我們今天說四個向量，真正的宇宙不止四個維度，所以多維度的圖要用拓撲學來畫，不能用幾何學來畫。越活得老，越是感覺我們人類必須知道自己的限度，不要狂傲，不要過分自信。個人如此，國家如此，民族如此，文化體也是如此。

沒有一個文化體是完美的，沒有一個國家的治理方式是完全對的，沒有一個民族的過去不是複雜的，沒有純種的民族。世界上最純種的狗跟馬都是需要人工安排交配，選定了若干基因，別的不要。純種的狗跟馬在某種情況下佔優勢，這個情況一丟開就沒有優勢了。賽馬場上的馬是純種馬，牠的長處是短距離快速奔跑，但牠抵抗疾病的能力差，長距離跑不動。這種馬耐力不夠，壽命也很短。

不要認為「民族」這兩個字存在，就存有「民族優秀論」的觀念。每個國家的傳統都有其優秀的一面，當然每個國家的歷史或長或短，也都有錯誤的時候，都有犯罪行的時候。不要自滿，世界上的任何人都不能自滿。特朗普給我們的教訓，就是盲目自滿，我們不能把這個例子忘掉。看見別人犯了錯誤，相當於拿個鏡子看看自己，我們不要犯同樣的錯誤。

九十歲的人，語重心長。明年我在不在這裏，我不知道。所以，我把每次講話都當作最後的談話來處理，希望不要讓大家覺得過分沉重。今天，我還是以一個心情平靜的狀態，歡迎新的年份到來。在新的一年裏，盼望世界沒有災害，沒有戰爭，沒有疾病。盼望各位健康，事業順暢，心情愉快。

大家的生活都比較安定，世界上不再有吃不飽飯的地方，不再有愚蠢的人，不再有無告的人。這就是我最大的願望。

（本文為 2021 年元旦許倬雲先生的新年致辭）

2008 年，許先生於匹茲堡家中（許樂鵬攝）

附錄

許倬雲：越鳥棲南

本文作者為李靜，首發於 2020 年第 28 期（8 月 3 日）、總第 958 期《中國新聞週刊》。

二十多年前，由於年事漸高，行動不便，許倬雲夫婦賣掉了帶花園的獨棟房子，搬到有物業管理的公寓居住。2015 年，鄰居家失火，殃及池魚，連帶整棟樓都需要整修。兩位老人不得不搬到保險公司提供的臨時中轉公寓租住，直到 2017 年才搬回整修好的家。就是在這樣的奔波客居中，許倬雲完成了《許倬雲說美國》的書稿。

1957 年秋天，二十七歲的許倬雲第一次踏上美國領土，到芝加哥大學深造，「盼望著理解這個人類第一次以崇高理想作為立國原則」的新大陸，能否落實人類的夢想。在超過一甲子的時間讓他有機會近距離研讀美國這本「大書」後，他卻目擊這個新的政體「病入膏肓」。許倬雲不禁發問：「何以境況如此日漸敗壞？」

一生沉醉於考古、中國歷史、中國文化…… 在年屆九旬時著書剖析一個帝國的變遷，他心中惦念的，卻仍是他一直依戀、在著作中不斷追溯其歷史榮光又對其近代命運悲戚莫名的故國。許倬雲期望著以美國的現象與中國的處境互相對比，由此警惕，避凶趨吉。他真正要問的，還是「中國向何處去」。

這些年，他一直在用不同角度和方式反覆講著他想說的話。「我們中國過去一直要趕英超美，但是西方現代文明到了第三期，已是窮途末路了。」「一切都要重新構建。」「中國應該最有資格做這樣的構建工作，但我們的本錢以前用光了，必須用全世界的文化資源來構建。」

臺灣「中央研究院」院士陳永發評價許倬雲：「他是極端愛中國的一個人。」 十九歲起離開中國大陸，許倬雲自認故國種種，他已沒有發言的資格，只是塞馬依風，越鳥棲南，總盼著「中國一天比一天更好」。

家國離亂

許倬雲生於 1930 年，江蘇無錫人，他和弟弟是雙胞胎，也是家中最小的孩子。出生時他只有兩斤七兩重，因為肌肉發育不良，一直不能動，直到七歲才能坐在椅子上。八歲以前的記憶在許倬雲心中已經模糊，1937 年抗日戰爭全面爆發，跟隨家人一路撤退逃難的顛沛流離，才是他真正有意識的心靈經驗的開始。

許倬雲的父親許鳳藻在海軍任職，孫中山曾坐他指揮的軍艦到上海

許先生的父親許公鳳藻及母親章太夫人舜英

1947 年攝於上海，後排左起許翼雲、許慶雲、許倬雲、許凌雲；
前排左起許婉清、許留芬、許有榛

勘察。湖北沙市[1]淪陷前，許鳳藻在此任職，抗日戰爭時兼任貨運稽查並負責籌辦糧餉，上班時都背著槍支隨時準備打仗。

許倬雲記得，那時常有人到沙市投奔他們。有一回，一個姓廖的海軍軍官帶著兩個小兵在他家住了一週，天天給他講故事。有天深夜，廖隊長辭別，許鳳藻身為將軍卻向廖隊長行軍禮。原來，當夜廖隊長帶著兩個小兵乘小船，裝了一船炸藥划到日本軍艦旁，進行自殺式襲擊，連人帶船一起炸掉了。

在逃難的路上，許倬雲數次目睹轟炸後屍橫遍野的「人間地獄」，上午還一起玩耍的小夥伴下午已變成一堆殘骸，日本軍機對著路上、船上的難民俯衝掃射。不良於行的許倬雲只能由家人背著、挑伕挑著，輾轉流徙。某個深夜，挑著許倬雲的一個挑伕突然倒地而亡，前面的隊伍已經走出很遠，另一個挑伕忙跑去追。深山野嶺，年幼的許倬雲獨自坐在翻倒的滑竿和死去的挑伕旁，過了許久，才看到家人來尋他的火光。

那時留下的悲傷和恐怖太過稠密，幾十年後還不能散去。1957 年到美國讀書時，許倬雲在睡夢中聽到「嗚嗚」而過的警車還會驚坐而起，恍惚中以為是「鬼子」的飛機又來了。

南京大學社會學院社會學系講師陸遠在 2004 年到 2010 年常伴於許倬雲身邊，許倬雲曾對他講起一段對自己童年影響極深的往事，那是他永遠忘不了的一個清晨：只有八九歲的許倬雲坐在門邊的台階上，一排排年輕的川軍小兵從他面前經過，他們從沙市取道信陽，直奔台兒莊。母親說：「不知道這些人還有多少能回來。」很快，許倬雲就知曉了什麼叫轟炸與流亡。

---

[1] 今湖北省荊州市沙市區，後文同。

成年後，他專門去翻看了那段歷史，川軍派出的一個師，從士兵到師長在台兒莊全體陣亡。多年後，他回想起那一幕仍忍不住眼含淚光，那個畫面切開了他的童年，他的心境從那時起不再是無憂無慮了。

與同齡的著名歷史學家余英時抗日戰爭期間在老家安徽潛山市閉門讀書不同，年少的許倬雲不得不直面那段家國離亂的歲月，飽受國難滄桑。也許與這段經歷有關，許倬雲與余英時等同時代學者相比，對中國傳統文化更多是遙遠的同情與依戀，而較少苛責和批判。他總是從中國文化過往的輝煌中尋找傳承，希望以此為今天的中國思索出路。

在復旦大學文史研究院及歷史系特聘資深教授、中國思想史學者葛兆光看來，那個家國有難的時代，是許倬雲年輕時代的記憶，這種記憶會伴隨一生，這是許倬雲那一代人家國情懷的來源之一。

那段「不知道下一站是哪裏，不知道下一步境況如何」的日子，讓許倬雲看見每個個體的苦難，也看見人與人之間的互相幫助。許倬雲說，「看到人類的精神」。

在重慶吳家營的廣場上，許倬雲曾看到大批從戰場上抬下來的傷兵，由於開刀沒有麻藥，大哭小叫。許倬雲說：「叫我怎麼能不恨日本人？」但他在五十歲後，逐漸「把偏狹的國族觀念放在一邊」，儘管並不容易，也不舒服，「要常常跟自己在腦子裏打架」。他看到，狹義的民族主義與國家主義這兩個觀念，在歷史上都有可能是衝突的禍源。

現在，他只把人類和個人看作兩個實在的東西，姓氏也罷，族群也罷，國家也罷，都變動不居。許倬雲曾舉例說，讀古代史時看到荊軻、田橫都壯烈無比，「今天看起來不是開玩笑嗎？」吳王和越王打得昏天黑地，也是為了國族，「但是今天江蘇跟浙江分得開嗎？」

現在的他，珍惜每一個人的價值。

整個的突破

許倬雲直到十六歲抗日戰爭勝利後，才正式進學校接受教育。在此之前，他沒辦法走崎嶇的山路去上學，只能在父親的書房裏看書。許倬雲說，那時的閱讀「大半是自己瞎摸而來」。不過一到週末，父親就會給他講數學、講歷史。父親許鳳藻喜歡閱讀《宋名臣奏議》，常常自己讀著讀著，就跟許倬雲說：「這一段好，你聽聽……」許倬雲得益於父親這套英國式的全科教育，學得很雜，也使他發現自己對史地特別有興趣。

1946 年年初，許倬雲進入無錫輔仁中學，考進去時，國文、史地、英文分數非常高。學校隔壁就是東林書院，只用一排矮松樹隔開。許倬雲記得，每當有學生不聽話、不用功，老師就會把他拉到松樹林邊罰站，對著裏面的東林祠堂說：「你對不對得起你祖宗？」

四十年後，他的學生葛岩在匹茲堡大學兼職教學助理，遇到美國學生問「你們中國人沒有上帝，你們怎麼懺悔？」的問題。許倬雲笑著對他說：「你去告訴他們，我們中國人誰犯了錯，他的爸爸就會揪著他的耳朵把他丟到祖宗牌位面前，大喝一聲，『你對得起列祖列宗嗎？』」

許倬雲家中就一直保留著一卷「祖宗軸子」，上面寫了歷代祖宗世系表，是當年赴美時哥哥抄給他的。每到春節，他一定把軸子供起來祭祖，他自小在美國長大的獨子也會在「祖宗軸子」前三鞠躬。

1949 年春天，許倬雲跟隨家人赴臺，考取臺灣大學。考試時，他的歷史和中文考卷被閱卷教員推薦給校長傅斯年，在傅斯年的建議下，原本報考外文系的許倬雲在念了一學期後轉入歷史系。當時的臺大歷史系，匯聚了李濟、沈剛伯、嚴耕望等一批從大陸過去的名家。在名師

1954 年，父喪期間攝於臺大

指導下讀完本科、碩士，又在臺灣「中央研究院」歷史語言研究所工作一年後，1957 年，許倬雲得益於胡適的幫助，到芝加哥大學攻讀博士學位。

留學美國被他視為人生轉折，是「整個的突破」。在芝大，他師從寫出《中國的誕生》的美國第一代漢學家顧立雅（Herrlee G. Creel，1905-1994）。顧立雅給許倬雲很大的自由，由著他「亂七八糟地選課」。20 世紀中葉，正趕上美國漢學研究劃時代的轉向，漢學從傳統東方學分支的地位中獨立了出來，關注點從古代中國轉向現代中國，研究方法也開始引入社會學、統計學等其他學科的方法理論。

許倬雲那時住在神學院宿舍裏，舍友有猶太教教士、天主教神父、不同宗派的牧師，甚至還有一兩位和尚，他們晚上常在大洗澡間邊淋浴邊討論各種問題，「一抬槓就沒完沒了」。因此，許倬雲對宗教理論特別有興趣，選修了著名宗教史家米爾恰·伊利亞德（Mircea Eliade）的宗教課程，又選了和宗教學密切相關的社會學課程，還開始關注城市經濟學。

在這個過程中，許倬雲發現一些觀念深藏在每一個民族、每一種文明的潛意識裏，這促使他開始以更寬遠的尺度衡量文明的發展，逐漸脱離以中國為中心的世界觀。

那些看似「雜亂」的選課給許倬雲的博士學位論文（後出版為《中國古代社會史論：春秋戰國時期的社會流動》）提供了很大的幫助，譬如他發現中古歐洲城市的出現與春秋晚期的城市出現完全合拍。在論文中，他將《左傳》中的兩千多個人物排出一百多個家族譜系，根據這些人物的家世與社會背景，測量各時代社會變動的方向與幅度，做了一項系統性的分析。

許倬雲將自己的學術思考形容為四面四角立體型，即文化系統、經濟系統、社會系統、政治系統，每個系統本身又可分為幾個層次，且都是動態的。在這種立體治學體系中，文化是有生命的生物體。在當年，學術界還沒有明確的系統論。

1965 年，斯坦福大學出版社以「*Ancient China in Transition*」為名出版了許倬雲的論文，並拿這本書當作亞洲研究叢書的第一本。這使許倬雲很快在國際學界獲得了一定發言權。費正清 1967 年寫給當時的「中央研究院」歷史語言研究所所長李濟的一封信中説：「顧立雅手上有個學生，是你們史語所來的人。」「他寫的這本書已經是小經典了。」

1962 年許先生芝加哥大學博士畢業，與導師顧立雅先生合影留念

2006 年，大陸出版了許倬雲論文中譯版《中國古代社會史論》。葛兆光回憶，20 世紀 80 年代中期他就已經聽說過這本書，《中國古代社會史論》和晚一些出版的《西周史》，「在我們這一代學者中很有影響」。

不只學問長進，許倬雲還在留學期間參加了當時波及全美的黑人民權運動，目睹了芝加哥選舉的舞弊，得以深入觀察美國。

「我本以為美國民主制度下是一個公平、公正的社會，卻在民主自由的背後看到那麼多的醜陋東西。」許倬雲説，「那五年我從青年人一步跨到成年人。」

帶來新觀念的老師

1962 年，許倬雲三十二歲，博士畢業。他對「三十而立」有自己的理解，「立」不是建功立業，而是「自立，不跟著人走」。他要在「讀書以外，做人，處事，關心社會，關心世界，找自己的路」。儘管美國有五份工作找他，他還是回到我國臺灣，接受「中央研究院」歷史語言研究所和臺灣大學的合聘。

1964 年，臺大歷史系二年級學生陳永發被上古史課吸引，因為授課老師許倬雲的課堂讓人「耳目一新」。他不但中外古今涉獵極廣博，常從社會學、政治學等不同角度講課，而且課堂非常開放，指引學生去看大量資料，喜歡有人提出不同觀點，甚至從校外找不同的學者來給學生講述當前最新的研究成果和心得。

如今，已經成為「中研院」院士的陳永發回憶起五十多年前的那段記憶還非常感慨。「那個時代的老師視野普遍都很窄，上課講一講，聽完了就考試。」很多歷史系學生都很迷茫，不知道歷史學用來幹什麼，許倬雲對本科生都會花力氣指導，不是簡單地傳授知識，而是「給學生啟發性，給我們開眼界，讓我們對歷史有不同的理解，告訴我們做學問的途徑」。

1964 年，才擔任副教授兩年的許倬雲就升為教授，並很快接任臺大歷史系主任。同年，他還當選「十大傑出青年」。

許倬雲出任系主任後的第一樁事，就是把當時由於政治原因被「教育部」派到臺大歷史系的「立法委員」等人的兼課取消，一年後乾脆對這些人停聘。這在當時是沒人敢碰的「馬蜂窩」，但許倬雲非常反感當時國民黨對中國近代史的「粗糙」解釋，堅持學術上的自由，拒絕政治干預。

對那些主張自由主義又有骨氣的學者，許倬雲內心都很敬重。當年臺大自由主義代表人物殷海光家門口有個餛飩攤子，是為了暗中監視他的掩護，別人都不敢上門，許倬雲照樣登門拜訪。殷海光在臺大申請演講總不被批准，有一次許倬雲就去申請，演講時他和殷海光一起上台，說：「今天我不想講了，請殷先生代講。」

「中研院」院長王世傑也是塊硬骨頭，按當年的體制，「中研院」直屬於臺灣當局領導人辦公室，有許多公務要向上匯報。蔣介石有時候批個東西，王世傑不能接受，退回給蔣介石，蔣介石氣得撕掉，他就撿起來，貼好了再送回去。「蔣介石受不了他這一點。」許倬雲回憶。後來，遇到公務上的事，王世傑就派許倬雲去，藉此機緣，許倬雲得以頗早就與蔣經國等政壇高層有了往來。

許倬雲和蔣經國熟悉之後，兩人的談話常不限於公事，美國社會、工會力量、民主制度、自由的意義，都是他們談論的話題。許倬雲一直記得蔣經國談話時，「兩眼直盯住你看」，不插嘴，問：「然後呢？」「還有呢？」一層層追問下去。許倬雲常常對他說，思想管制不得，永遠管制不得，就是秦始皇想管思想也失敗。

支持自由主義又大力改革臺大歷史系系務，許倬雲得罪了不少人。回臺之初，他還和老友胡佛等人創辦了獨立經營的刊物《思與言》，介紹新知，希望通過學術討論，理性地為臺灣找到出路，這更成了他的罪狀，使他越來越多地受到打壓。

多年後回想起來，許倬雲坦言，20 世紀 60 年代臺灣的氣氛令人窒息，三十二歲到四十歲生活在臺灣，日子外面風光，其實並不好過。他的母親常常不放心，覺得他在外面會不會一下子失蹤。1969 年，許倬

1962 年 6 月許先生畢業返回臺灣，與母親攝於永康街許宅門口

雲收到匹茲堡大學的邀請，決心再次赴美。

人雖然去了美國，但隨著蔣經國時代的到來，許倬雲仍然在參與整個臺灣的民主化進程。1972 年蔣經國就任「行政院長」後，每年夏天召開「臺灣建設會議」都會邀請許倬雲參加，他們也有過多次單獨的深談。

20 世紀 70 年代，陳永發正在美國斯坦福大學深造，他幾次拜訪許倬雲都感到其對當時臺灣政治走向的關心。「他很反對國民黨當時的威權政治，他透過他能接觸到的高層管道，諫言了很多。」陳永發說，「不過，他晚年看到臺灣的現狀也是很失望的，因為很多東西跟他設想的並不一樣。」

在 2013 年出版的《許倬雲說歷史：臺灣四百年》中，許倬雲「恨鐵不成鋼」地批評了臺灣發展過程中的缺陷，並將這些缺陷陳述出來，

「提供給大陸作為發展的參考」。他對大陸讀者說，希望「能夠以同情之心、以彼此諒解之心來理解臺灣」。

精神的健美

儘管在臺灣的幾年氣氛比較壓抑，但許倬雲在這期間有了意外收穫。1970 年，再次來到美國匹茲堡大學任訪問教授（1972 年轉為長聘教授）時，他不再是孤身一人，而是帶著結婚一年的妻子孫曼麗和八個月大的孩子。

剛結束博士學業回臺灣時，嫂嫂們擔心他的殘疾，曾勸他：「老七（許倬雲排行第七），去鄉下隨便找一個女人回來，可以生孩子、管家就行。」許倬雲不肯，「為什麼？我為什麼要那樣就行了？」許倬雲心中一直存著一道界限，要找到那個能識人於牝牡驪黃之外的女孩子，「能看得見另一邊的我，不是外面的我」，不是這樣的人跨不過他心中的界限。

孫曼麗是陳永發的大學同班同學，也曾是許倬雲的學生。不過在學校時他們並無過多交往，直到孫曼麗畢業兩年後，因為工作的事情兩人有些書信往來，才發現「凡事都談得攏」。

與許倬雲夫婦熟識的南京大學人文社會科學高級研究院行政人員馬敬說，他們夫婦一直相濡以沫。認識他們十幾年，從未見他們有過爭執——「每次許先生外出，師母都送到門口，還要親昵地摸摸他的頭。」

對殘疾，許倬雲的態度一直坦然，並不因此自卑自棄或是有所忌諱，有時還會自嘲。他在芝大讀書時，要上米爾恰·伊利亞德的課得去三樓，他在書中提到這段往事：「爬上去很辛苦，得用屁股坐在樓梯

許先生夫婦與母親及幼子樂鵬留影，攝於 20 世紀 70 年代初

全家福，後排許樂鵬，前排左起兒媳 Thalia、許太太、孫子許歸仁、許先生，攝於 2007 年

上，一階一階往上爬，到了三樓，樓梯都讓我擦得乾乾淨淨了！」

在匹兹堡大學留下任教後，和自己當年的導師一樣，他也給了學生很大的自由度。「從精神上來看他是非常完美的一個人，學問好，文筆好，對人還非常誠懇，沒有任何偏見，哪怕你是一個不起眼的學生，他也能和你很平等地交談。」著名社會學家李銀河這樣評價自己的導師。1982 年，她和王小波赴美攻讀碩、博學位，他們都是許倬雲的學生。

有一段時間，王小波上許倬雲一對一的「個別指導學習」課程。由於心臟不好，王小波「坐沒坐相，站沒站相」，許倬雲身體殘疾也坐不直。師生二人「東倒西歪」，倒也自由自在。許倬雲對王小波無所設限，允許他不受專業課題的拘束，東提一問，西提一問。

1987 年，葛岩也成為許倬雲的學生，下課後還常去許倬雲家裏做客。每年春節，他都和幾個中國同學聚到許倬雲家裏包餃子。遇到中國學者訪美與許倬雲一起吃飯，許倬雲總要找葛岩相陪。有一次，葛岩到了餐廳門口才知道要求正裝，但那時候他剛到美國不久，既沒有車也沒有西服。許倬雲讓孫曼麗趕緊開車帶葛岩去找人借衣服，在樓下等他換好了正裝，又開車把他帶回餐廳。

「那個時候懵懵懂懂，現在自己也帶學生，才體會到老師的用心，為我了解前輩學者、開闊眼界創造機會。」如今已是上海交通大學人文藝術研究院特聘教授的葛岩感慨道。

葛岩記憶中，導師有很多令他感懷的大小事。小到為在南京萍水相逢的一個裁縫專門從美國帶去拆線器；大到將崗位讓給暫時無法回國的大陸訪美學者，為解決別人的困境自己做出犧牲。許倬雲也從不支使學生，哪怕是查閱資料這種小事，都不會請學生代勞。

1992 年，許倬雲拿給葛岩一本書，是王小波寄來的成名作《黃金時代》。這本獲得第十三屆《聯合報》文學獎中篇小説大獎的書，便是由許倬雲推薦給《聯合報》的。正是因為這次獲獎，王小波才真正下決心辭職做全職作家。後來，王小波對劉心武説，儘管導師身有殘疾，但導師精神上的健美給予了他寶貴的滋養。

一直被許倬雲視為「守護神」的孫曼麗在一次閒談中也對馬敬説過：「外人以為你們許老師什麼事都要依靠我，他們不知道，我要是沒了他才真是手足無措，不知道該怎麼辦，他是我精神上的力量。」

重慶南山一盞油燈旁，許鳳藻常常給無法進學堂的幼子讀歐陽修的《瀧岡阡表》，「求其生而不得，則死者與我皆無恨也」，也總講「苟得其情，則哀矜而勿喜」。許倬雲明白，這是父親讓他了解何為仁者的用心，他用一生去踐行、追尋著父親教他的這個「仁」字，期望有一日「唯其義盡，所以仁至」。

跨學科研究

20 世紀 90 年代末，許倬雲從匹兹堡大學榮休，當時正趕上與許倬雲私交甚篤的臺灣新聞界泰斗、《中國時報》創辦人余紀忠捐資成立「華英文化教育基金會」，獎助母校東南大學、南京大學學子。余紀忠盛邀許倬雲擔任董事，藉此，許倬雲得以與大陸高校有了較多來往。

在一直未被系科僵硬界限框住的許倬雲眼中，當時大陸的學科間隔之嚴格以及師徒一對一相承的傳統，使得學科很難有進展。科技還好，人文社會科學只能閉門造車。

1992-1998 年，許倬雲曾在香港中文大學開設通識跨學科課程，名

許先生與夫人孫曼麗家中留影，攝於 2022 年冬

稱叫作「宇宙與人生」，動員了許多人和他一起講，連人文科學與自然科學之間的鴻溝都跨過去了。

許倬雲著急現在的教育把很多年輕人圈在一個學科當中，沒有機緣打破，陷入重圍。「求知的經驗，其實可以比求得的知識更有意義。」許倬雲說。

2002 年余紀忠去世前，專門委託許倬雲：「南大是我的母校，如果他們有什麼事，希望你幫一幫他們。」許倬雲一直未敢忘記老友囑託。2005 年，許倬雲在南京大學籌劃創建了中國高校首家「人文社會科學高級研究院」（簡稱「高研院」），推動中國高校開展跨學科研究。彼時，歐美國家在此領域已經先行了很多年，斯坦福大學 1980 年就成立了多學科人文中心，普林斯頓大學社會科學院高級研究所成立於 1973 年。

南大創辦了「高研院」之後，華東師範大學、復旦大學、北京大學…… 中國有足夠資源的高校紛紛開始跟進，「高研院」逐漸成為中國人文社科高等教育制度裏的一環。

從那時起，許倬雲每年都有幾個月在南京忙碌，除了參加會議、做學術講演，還有一個重要的工作是與每個院系在「高研院」的駐院學者長談，為他們的研究做指導，幫助他們按課題整合成不同隊伍。原本南京大學要聘許倬雲做院長，許倬雲說：「我不做你們的官，只盡心意，也不拿任何報酬。」僅要求南大提供住宿和每天接送的車輛。

除了幾位駐院的學者，眾多南大各系科的教師也慕名而來，希望和許倬雲探討問題，只要時間能排開，他統統都接待，有時和一個人談，有時和五個、八個、十來個人一起談。

許倬雲在南大的那幾年，陸遠一直陪在他身旁。陸遠說：「大家對他的學術根基之深廣都非常敬佩，無論哪個院系哪個專業的學者，他都能談。」

常在南京的那段時間，許倬雲又尋回了兒時記憶中的生活，聽崑曲，吃小籠包，和許氏宗親及輔仁中學故友相聚。他回到闊別半個多世紀的故鄉，儘管他還能說一口標準的無錫話，小時候居住過的那個承載上百口人的大宅「既翕堂」和門前的弄堂卻已消失，如今已是無錫市檢察院的大樓。僅在東林書院，他又見到了自明朝起就立在家門口的「抱鼓石」。「明日隔山嶽，世事兩茫茫」，許倬雲感慨：「先人遺宅，從此只能在記憶之中而已。」

2013 年，許倬雲動了脊柱手術，身體狀況使他不能再長途跋涉回

1998 年回大陸看考古發掘，許先生夫婦與石興邦（左三）攝於風陵渡

1993 年，許先生於西安博物院留影

國。在他手術後不久，南大幾位學者赴美交流訪問時專程去看望他。他含淚哽咽著說：「我今年八十三歲了，餘用很少，不能再飛行了，不能回去與大家共事了。」但如果「派人過來或送年輕人來，我拚著老命教他」。

為常民寫作

許倬雲一生都在思考，少時無法像別人一樣去外面玩耍，他只能在室內看書思考。青年時在美國動五次足部矯正手術，手術後不能去上課，就在病床上思考。他認為經歷這些痛苦值得，不僅磨煉他的性情，也逼著他去想大問題。

榮休後，許倬雲終於有時間把他一直思考的大問題形諸文字。海外生活多年，許倬雲總聽到有人說：「我們中國人就是優秀，你看學校裏成績最好的都是中國人。」「一些思想史好是好，但論的都是天大地大的問題，老百姓看不懂。」有一次他去餐館吃飯，老闆問他，中國菜這樣那樣的烹飪方法，是從哪裏開始的？許倬雲一想：「哎，中國通史上還真沒交代。」

就這麼琢磨著，許倬雲決定為常民寫作。寫老百姓讀得懂的書，寫日常生活的「零零碎碎」，寫中國並不是自古以來就這麼大，而是在歷史上不吝嗇「給出去」，也不慚愧「拿進來」的大大方方、磊磊落落的狀態中，慢慢長大的。

2006 年，《萬古江河》出版，與他之前出版的《中國古代社會史論》《漢代農業》《西周史》等上古史研究專著不同，許倬雲第一次下筆撰寫大歷史。儘管展現的是大歷史，但書中沒有武力，不講開疆闢土，只講文化圈的擴大，講國家下面的廣土眾民，關注老百姓的衣食住行、思想信仰，而不像傳統史書將更多筆墨放在帝王將相身上。他努力將中國歷史和文化這樣的大問題，講得通俗易懂。

許倬雲說：「為生民立命，就是為世界幫忙，這是儒家的本分。我將《萬古江河》寫得很淺，就是為了這目標。」

《萬古江河》出版當年就賣出了二十萬冊，次年獲得第三屆「國家圖書館文津圖書獎」。2019 年，《萬古江河》隨錄取通知書一起，被清華大學校長寄給了每一個考取清華大學的新生。

2010 年和 2015 年，許倬雲又出版了《我者與他者》和《說中國》，同樣是大歷史著作，前者討論歷史與文化中的對外關係，後者論及歷史與文化中「中國」的變動。

學者葛兆光最喜愛這三本書。他認為這才是大學者放下身段，為一般讀者寫的歷史書。「大歷史要有大判斷，非博覽碩學之士，不能下大斷語。在許先生這種大歷史著作中感受最深的，就是那種『截斷眾流』的大判斷。如今，歷史知識被各種各樣的原因歪曲、遮蔽和改寫，特別需要真正專業的學者，用不是『戲說』或『歪批』的方法，來給大眾普及和清理。」葛兆光說。

研究和思考，對於許倬雲已經成為習慣。2013 年動大手術的前一夜，他還在思考如何合併儒家的董仲舒與《西銘》、佛家華嚴宗的圓融觀照與新教、丹麥宗教心理學家克爾凱郭爾，以及法國哲學家德日進與英國哲學家懷特海的思想，合併眾家，找出原點。他認為這個原點是宇宙的原點，這裏有存在（being），沒有神。無法動筆記錄，他就用小錄音機錄音。

陸遠對一個場景印象深刻。和許多名人一樣，許倬雲也有不少「不得不去」的飯局、會議、應酬。這種場合，他常常會用一隻手搭在拐杖上，下巴往手上一靠，閉上雙眼做打盹兒狀。進入晚年後，許倬雲的兩道眉毛越長越長，向下耷拉，每次靠在拐杖上假寐，用陸遠的話說，「那樣子好像一尊佛一樣，寶相莊嚴」。其實他並沒有真的打盹兒，只是進入了自己的精神世界，去思考縈繞在內心的問題。這時要是誰提起他感興趣的話題，他馬上就可以睜開眼，接著話茬兒聊下去。

也許是時刻都保有思考習慣的原因，許倬雲幾乎是最高產的歷史學家。在兩岸出版的專著超過四十本，合著超過二十本，最近十年在他八十歲後出版的新作高達八本。

曾有人問許倬雲：「著書立說的樂趣何在？」許倬雲回答：「在它的過程。有些人喜歡下棋，有些人喜歡打麻將，都是過程。我喜歡研究工作的過程。」

既然是過程，就只是到現在為止暫時得來的結論，這個結論還可以往前推，還可以改變，還可以修正。他在年近六十時曾說，儘管年齡在中國舊日觀念裏可以算老頭子了，但並不認為自己的性格和思想已經定型，還繼續有成長的機會和需要。

今年，他已九十歲，認為自己還是沒有定型，隨時準備有新問題來的時候用新的思考方式去處理，也不會只用同一種思考方式去處理過去一直面臨的問題，而是嘗試新角度，每天學習新東西，每天對過去的思考方式有質疑之處。許倬雲說：「這已養成習慣，我們做學術研究的人，永遠不會認為自己到了終點站，前面永遠有更長的路、更遠的空間、更複雜的問題等著讓我去處理。」

2021 年，許先生在匹茲堡家中（陳榮輝攝）

後記

聽著江聲，
你一寸寸老去

近三年來，我們的生活及賴以安頓的世界，都發生了巨大的變化：瘟疫、戰爭、封閉、隔離……「昨日的世界」已成過去，人類社會似乎又走到了新一輪變化的關口，不知前方會面臨何等局面。

幸好，還有許倬雲先生這樣的長者，不斷給予我們指引和安慰。在接受許知遠的採訪時，他說：「往裏走，安頓自己。」他以一生的行動，向我們示範了一個人如何在艱難困苦中自處，如何與命定的種種不幸抗爭或相融，修己以安人。

從七歲開始，他隨時任抗日戰爭第五戰區荊沙關監督的父親，輾轉於湖北、河南、四川各地的鄉野山間。先天不良於行的他坐在磨盤上觀察農民如何耕作，鐵匠怎樣打鐵，遠山的霧靄起起落落。出川的年輕人奔赴戰場永不再回來，稚嫩的面龐七十年後猶在他的夢中浮現。他也隨父親讀《大公報》上張季鸞的評論，《觀察》裏費孝通的文章，還有《宋名臣奏議》和《日知錄》，聽父親分析太平洋戰場的戰況、戰報，長江及其支流的航道、水文。1953 年，父親去世前叮囑道：「你們要努力，為未來的中國留下種子。」

所以，許先生從來都不是書齋裏的學者。在芝加哥大學攻讀博士期間，他走上街頭參與民權運動；1962 年，他放棄了美國的五份教職，回到臺灣大學和「中央研究院」工作，1970 年到匹茲堡大學工作直至退休。在此期間，他還為《中國時報》和《聯合報》寫了四十年的評論文章，與蔣經國、嚴家淦等國民黨高層多有交往，致力於推動臺灣社會開放，被媒體譽為「臺灣改革開放的幕後推手」。《西周史》本來是他獻給傅斯年先生的一本學術專著，在 1993 年「三聯版」的序言中，他說：「我對偉大的人物已不再有敬意與幻想。」此後近三十年間，他開始踐行「為常民寫作」的夙願，《萬古江河》《說中國》《中國文化的精神》等大眾史學著作風行海內外。他給大學生演講，給企業家演講，為兩岸三地的青年交流籌辦「浩然營」，為南京大學籌建「高研院」⋯⋯近年來，更是藉助互聯網平台鏈接到無窮遠方的更多讀者。

最令我感動的，是日前他講述嚴家淦當年和他的一番談話：「不要求事功，不要求成就——只有求心之所安。事功靠不住的，及身而止。我們只能說那時候盡力讓老百姓過上好日子，我們做到了。」

這本《往裏走，安頓自己》，將近兩年來許先生針對新冠肺炎疫情、人生、世界的變化以及如何安頓身心等問題所給出的回答進行了分類和歸納。第五章和特別收錄的文章《許倬雲：越鳥棲南》，側重於許先生的人生，我們也選取了一些照片作為「見證」。此次香港三聯出版繁體版，特選取著名畫家吳冠中先生的作品，作為本書插畫，在此特別感謝香港藝術館的授權和支持。助理張希琳、趙欣和黃雨晴對文稿整理工作亦有貢獻。當然，若有任何疏漏之處，文責在我。

近幾個月，許先生時常擔心來不及寫完正在進行的書稿，這是《萬古江河》之後他晚年最為重要的作品。前天，我們終於完成這一工作，而先生依然精神健旺。在喜悦而放鬆的情緒之中，我寫下這首《江聲》，既是對這一刻的紀念，也藉此機會表達多年來我的感激和感懷：

江聲

——致許倬雲先生

江聲浩蕩
自神女峰翻湧奔逝
萬古心事捲起千堆殘雪

偉大的人死於偉大
幸存者在舊夢中掙扎

命運如輪轉動西風
故國餘音徹夜迴響
此岸之水愈深
彼岸身影愈發清朗

饕餮吞噬青銅
寒鴉喚起孤村

聽著江聲，你一寸寸老去

江河入海，望月於朗夜生起

馮俊文於匹茲堡

2022 年 3 月 10 日大雪之夜